Brigitte Wilmes-Mielenhausen

Die Katze tanzt im Kreis herum...

Brigitte Wilmes-Mielenhausen

Die Katze tanzt im Kreis herum…

Alte und neue Kreisspiele für Kinder von 2 bis 7

HERDER

FREIBURG · BASEL · WIEN

Erläuterung der Symbole:

 Altersangabe in Jahren

 Spielort drinnen

 Kleingruppe (3–10 Kinder)

 Spielort draußen

 Großgruppe (ab 10 Kinder)

© Verlag Herder GmbH, Freiburg im Breisgau 2011
Alle Rechte vorbehalten
www.herder.de

Umschlaggestaltung: SchwarzwaldMädel, Simonswald
Illustration Umschlag: Klaus Puth, Müllheim
Illustrationen Innenteil: Elisabeth Lottermoser, Gütersloh
Layout, Satz und Gestaltung: Arnold & Domnick, Leipzig
Druck und Bindung: GRASPO CZ, Zlín

Gedruckt auf umweltfreundlichem, chlorfrei gebleichtem Papier
Printed in the Czech Republic

ISBN 978-3-451-32419-2

Inhalt

Einleitung

KREISSPIELE – EINE „RUNDE SACHE"

Kreisspiele sind bei den meisten Kindern sehr beliebt; sie sind regelrechte Dauerbrenner und stehen auf der Wunschliste der Kinder ganz oben. In Krippe, Kindergarten, Hort und Schule, aber auch beim Kinderturnen, in der Freizeit, bei Festen und Feiern gehören sie zum festen Repertoire.

Der Kreis – die geometrische Figur ohne Anfang und Ende – ist ein uraltes Symbol und steht für Unendlichkeit, Einheit, Geborgenheit und Schutz. Der Abstand vom Rand zum Mittelpunkt ist an allen Stellen gleich. In ihm herrscht maximale Symmetrie. Das macht seine Schönheit und seine Wirkung aus.

Kreisspiele sind ideal, um als Ritual im Tagesgeschehen zu bestimmten Zeiten wieder und wieder eingesetzt zu werden. Vertraute Spiele für Begrüßungsrunde, Morgenkreis, Abschlusskreis oder für bestimmte Jahreszeiten und Feste machen zeitliche Abfolgen erfahrbar und vermitteln den Kindern Halt, Orientierung und Struktur. Während im freien Spiel die Gruppe in einzelne Spielgruppen zerfällt, findet sie sich im großen Kreis als Ganzes wieder zusammen. In einer Runde nebeneinander sind alle Teilnehmer gleichberechtigt. Alle können sich anschauen und gegenseitig wahrnehmen. So fördert der Spielkreis soziale Kompetenz, Kommunikationsfähigkeit, Einfühlungsvermögen und Wir-Gefühl. Beim gemeinsamen Kreisspiel dürfen Kinder aus sich herausgehen, locker werden, sich mitreißen lassen, ihre Gefühle wahrnehmen und ausdrücken, auch mal „verrückt sein".

Bei manchen Spielen treten einzelne Kinder hervor, gehen in die Kreismitte, schlüpfen in Rollen, suchen sich Partner. Das erfordert Mut und Eigenständigkeit, doch gestützt durch die Gruppe kommen auch zurückhaltende Mitspieler aus sich heraus und können ihr Selbstvertrauen stärken.

Kinder haben ein ausgeprägtes Bewegungsbedürfnis und viele Kreisspiele eignen sich als zusätzliches Bewegungsangebot für drinnen und draußen. Dabei werden unterschiedliche Bewegungsformen ausprobiert und ganzheitliche Körpererfahrungen, Koordination von Bewegungen, Reaktionsvermögen und Raumorientierung gefördert.

Auch betontes Sprechen, Reimen, Lautmalereien, Frage- und Antwortspiele finden sich bei vielen Kreisspielen. Hier werden grundlegende sprachliche Strukturen spielerisch und mit viel Spaß erfahren. Von diesem kinderleichten Sprachtraining profitieren besonders zurückhaltende Kinder, Kinder mit sprachlichen Defiziten bzw. mit Migrationshintergrund.

Die Kreisrunde erweist sich in der Praxis als spielerische und spaßbetonte Lernrunde. Es geht darum, sich im Spiel zu konzentrieren, Regeln zu verstehen, diese umzusetzen und im Gedächtnis zu speichern.

Die meisten Kreisspiele brauchen gar keine oder nur wenige Hilfsmittel. In einer Zeit, in der Kinder vielen Reizen und Anforderungen ausgesetzt werden, ist gerade diese Reduzierung wichtig, um sich zu sammeln und aus dem eigenen Inneren zu schöpfen. Vieles wird im Kreis pantomimisch dargestellt und nur angedeutet. So können die Kinder ihrer Fantasie freien Lauf lassen.

In Krippen und Kitas spielen und lernen häufig Kinder aus unterschiedlichen Kulturen. Kreisspiele in einer anderen Sprache, aus einem fremden Land können einen Beitrag leisten zu gegenseitiger Verständigung und interkulturellem Austausch.

ZIELE UND SCHWERPUNKTE DES BUCHS

Das Buch behandelt sowohl traditionelle Spiele (Klassiker) als auch neue Ideen und Variationen. Alle Spiele kommen mit wenig Material und Vorbereitung aus und sind leicht umsetzbar. Die Angebote eignen sich sowohl für drinnen (Gruppenraum, Turnhalle o. Ä.) als auch für draußen (Freigelände, Garten, Hof). Zielsetzung ist vor allem die Spielfreude und die Geborgenheit in der Gruppe. Ebenso die Freude an Bewegung, Rhythmus, Gesang, Sprache.

Zu jedem Spiel gibt es Informationen über:

- das Alter der Kinder,
- die Gruppengröße,
- den Spielort,
- die Spielidee,
- das benötigte Material.

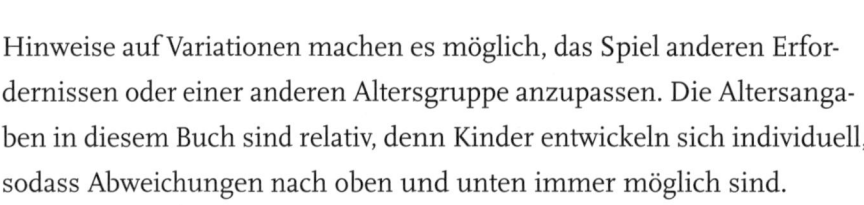

Hinweise auf Variationen machen es möglich, das Spiel anderen Erfordernissen oder einer anderen Altersgruppe anzupassen. Die Altersangaben in diesem Buch sind relativ, denn Kinder entwickeln sich individuell, sodass Abweichungen nach oben und unten immer möglich sind.

TIPPS UND VORBEREITUNG FÜR DEN SPIELE-ALLTAG

Tages- und Jahreszeiten, aber auch besondere Lernziele, Projekte und Gruppensituationen bestimmen die Spielauswahl. Besonders beliebte Spiele können Sie zum Ritual werden lassen, das Sie für einen bestimmten Zeitraum beibehalten (z. B. im Morgenkreis).

Beteiligen Sie Kinder bei der Vorbereitung und Durchführung der Spiele (Stuhlkreis stellen, Material bereitlegen, Spielvariationen entwickeln usw.). So fördern Sie Eigenständigkeit und Verantwortung.

Der Kreis braucht eine ansprechende Umgebung. Je nach Jahreszeit und Anlass können eine Lichterkette, eine Kerze, eine Pflanze oder ein ansprechender Duft für eine angenehme Atmosphäre sorgen. Spielzeug sollte vorher weggeräumt werden.

Ein Eröffnungs-Ritual (z. B. ein leiser Gongschlag) kann Spannung und Neugier aufbauen und die Konzentration fördern. Auch Überraschungen (ein Musikinstrument, eine CD, ein interessantes Requisit) können die Kinder zum Mitmachen motivieren. Wenn einzelne Kinder dennoch einmal nicht mitmachen wollen, sollten Alternativen bestehen (z. B. außerhalb des Kreises zuschauen).

Erklären oder zeigen Sie die Spielregel so einfach wie möglich. Beachten Sie, dass jüngere Kinder meist noch ein geringeres Regel-Verständnis haben. Durch Veränderung des Ablaufs und durch Erfinden neuer Varianten können Sie Spiele anpassen.

Wenn alle zusammensitzen, können Sie die Gruppe gut beobachten: Wie ist die Stimmung? Wer dominiert? Wer ist zurückhaltend? Wer wählt welche Partner? Achten Sie darauf, dass möglichst alle Kinder zum Zuge kommen und dass nicht immer die selben Kinder für bestimmte Rollen gewählt werden.

Die Spiele haben keine Verlierer im eigentlichen Sinne. Kinder, die vorübergehend ausscheiden, sollten zum Schluss wieder in den Kreis eingebunden werden.

Materialien für einen Spielkoffer (Grundausstattung)
- Kleine Handtrommel (auch Glocke, Klangschale, Triangel)
- CD-Spieler und CDs (sowohl ruhige als auch schnelle Musik)
- einfarbige (dünne) Tücher
- farbiges Seidenpapier, farbige Papierstreifen oder Bänder
- feste Augenbinde
- Ball
- Decke oder Laken
- Kreide
- Luftballons, alte Zeitungen, Bierdeckel
- langes Seil
- Naturmaterial (z. B. Blätter, Kastanien, schöne Steine etc.)
- Holzlöffel
- Topf
- Flasche (Kunststoff)
- Filzstifte und Papier
- Kinderlieder- bzw. Spielebuch

Ich wünsche allen Kindern und Erwachsenen viel Spaß bei den Spielen im Kreis!

Brigitte Wilmes-Mielenhausen

„Guten Morgen" und „goodbye"

Im Kreis begrüßen, kennenlernen, verabschieden

Jedes Kind, das im Kreis begrüßt wird, hat das Gefühl, wahrgenommen zu werden und willkommen zu sein. Kreisspiele zwischendurch festigen die Gruppenstruktur, bevor es am Ende des Tages in einer frohen Runde „tschüss" oder „auf Wiedersehen" heißt.

Guten Morgen hier im Kreis

Spielidee: rhythmisches Begrüßungsspiel, eventuell mit Instrumenten
Material für die Variation: Tücher und einfache Rhythmusinstrumente (Schellen, Klangstäbe, Schütteldosen)

1. Guten Morgen, guten Morgen rufen wir uns zu.
   Guten Morgen, guten Morgen rufen ich und du.
   „Hallo, Hallo!"

2. Guten Morgen, guten Morgen winken wir uns zu.
   Guten Morgen, guten Morgen winken ich und du.
   „Hallo, Hallo!"

3. Guten Morgen, guten Morgen klatschen wir uns zu.
   Guten Morgen, guten Morgen klatschen ich und du.
   „Pitsch-patsch"

Die Spielleitung intoniert den Vers mit den Kindern als Sprechgesang oder zu einer einfachen Melodie. Bei der ersten Strophe formen alle ihre Hände zu einer Röhre, halten sie vor den Mund und rufen laut „Hallo". Bei der zweiten Strophe winken sich die Kinder gegenseitig zu, bei der dritten wird gemeinsam in die Hände geklatscht.

Variation 1: An die Kinder werden Tücher und einfache Rhythmusinstrumente verteilt. Beim Aufsagen oder Singen der zweiten Strophe winken sich die Kinder mit ihren Tüchern zu, bei der dritten Strophe bringen alle ihre Instrumente zum Klingen.

Variation 2 für Kinder ab 5 Jahren: Alle wünschen sich in einer anderen Sprache einen guten Morgen (dabei zuerst Nationalitäten beachten, die in der Gruppe vertreten sind), z. B.:

Türkisch: Günaydin   *Französisch:* Bonjour
Spanisch: Buonos días   *Griechisch:* Kalimera
Englisch: Good morning   *Japanisch:* Ohaiyo gozaimasu
Chinesisch: Záo án

Ein Kreis hat viele Hände

Spielidee: gemeinsames Kreisspiel zum Auftakt

Text: B. Wilmes-Mielenhausen

1. Ein Kreis hat viele Hände,
   ein jeder fasst an.
   Wir bilden eine Gruppe,
   auch du nimmst teil daran!

2. Gehe einmal rundherum,
   schau dich dabei gar nicht um.
   Wir tanzen vor Vergnügen
   im Kreis herum. (2x)

3. Ein Kreis hat viele Beine,
   kann sicher stehn.
   Dort bist du nie alleine
   kannst mit uns gehn.

4. Gehe einmal rundherum,
   schau dich dabei gar nicht um.
   Wir tanzen vor Vergnügen
   im Kreis herum. (2x)

5. Ein Kreis hat keine Ecken,
   ist rund und schön.
   Du kannst dich nicht verstecken,
   ich kann dich sehn.

6. Und wird mal aus dem Kreis ein Ei,
   so machen wir ihn wieder neu.
   Wir tanzen vor Vergnügen
   im Kreis herum. (2x)

Der Vers wird im Kreis auf die Melodie von „Ein Männlein steht im Walde" gesungen.

In der 1. Strophe strecken alle ihre Hände vor und fassen dann ihre Nachbarn an den Händen.

In der 2. Strophe gehen alle vorwärts und hüpfen im Wechselschritt auf der Kreislinie.

In der 3. Strophe strecken die Kinder abwechselnd das linke und das rechte Bein zur Kreismitte.

In der 4. Strophe gehen und hüpfen wieder alle auf der Kreislinie.

In der 5. Strophe zeigen alle im Kreis auf die anderen.

In der 6. Strophe fassen sich alle Kinder an den Händen, bilden zuerst ein großes Oval und wieder einen Kreis, bevor sie auf der Kreislinie tanzen und sich zum Schluss zu Boden fallen lassen.

> **Begrüßung in froher Runde**
> Der Morgenkreis ist in vielen Gruppen ein beliebtes Ritual, das aber nicht zur Pflichtübung werden darf. Deshalb sollte die morgendliche Runde abwechslungsreich und attraktiv gestaltet werden. So werden die Kinder aus eigener Motivation mitmachen.

Wer kommt mit?

Spielidee: Die Kinder werden einzeln aufgerufen und gehen dann als Schlange gemeinsam im Kreis umher

Der folgende Vers wird von der Spielleitung als Sprechgesang gestaltet oder auf eine einfache Melodie gesungen.

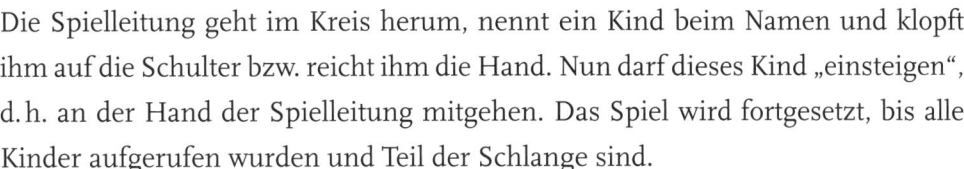

Wer kommt mit?
Wer kommt mit?
Der Felix, der Felix,
der kommt mit!
Wer kommt mit? ...

Die Spielleitung geht im Kreis herum, nennt ein Kind beim Namen und klopft ihm auf die Schulter bzw. reicht ihm die Hand. Nun darf dieses Kind „einsteigen", d.h. an der Hand der Spielleitung mitgehen. Das Spiel wird fortgesetzt, bis alle Kinder aufgerufen wurden und Teil der Schlange sind.

Variationen für Kinder ab 3 Jahren:
- Die Spielleitung stellt ein Tier dar (z. B. einen Frosch). Sie bewegt sich gemäß der Rolle, hüpft und quakt und lädt die anderen „Frösche" nacheinander ein, hinter ihr her zu hüpfen („Wer hüpft mit?"). Dabei werden wieder die Namen der Kinder genannt.
- Jedes Kind stellt – nachdem es zum Mitgehen aufgefordert wurde – sein Lieblingstier dar und läuft in der Rolle dieses Tieres mit (als Hund, Katze, Bär usw.).

Wie heißt du?

Spielidee: Vorstellungsrunde zum besseren Kennenlernen
Material: Ball, Flasche

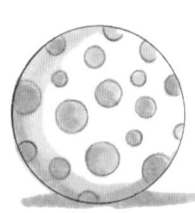

Die Kinder bilden einen Sitzkreis auf dem Boden. Reihum rollt ein Kind nach dem anderen den Ball zu einem Wunschpartner und sagt dabei entweder seinen eigenen Namen oder den Namen des angespielten Partners.

Variation: Ein Kind spielt „Uhrzeiger". Es streckt einen Arm und den Zeigefinger der dazugehörenden Hand heraus, dreht sich um die eigene Achse, bis die Spielleitung oder die Gruppe „stopp" ruft. Sofort bleibt der Uhrzeiger stehen. Auf welches Kind zeigt der Zeigefinger? Dieses Kind sagt seinen Namen.
Statt des „lebenden Uhrzeigers" können die Kinder auch eine Flasche auf der Erde drehen. Das Kind, auf das der Flaschenhals zeigt, nennt seinen Namen.

> **Wir lernen uns (besser) kennen**
> Wenn neue Kinder in die Gruppe aufgenommen werden, bietet der Kreis die Möglichkeit, sich vorzustellen, die Namen der Kinder zu lernen, Kontakt aufzunehmen. Aber auch Kinder, die schon miteinander vertraut sind, können sich im Kreis gegenseitig wahrnehmen und vielleicht neu entdecken.

Kranz binden

Spielidee: Interaktionsspiele zum Namen lernen

Die Gruppe steht im Kreis. Die Spielleitung erklärt: „Wir binden einen Kranz!"
Sie zählt ein Kind nach dem anderen namentlich auf, indem sie z. B. sagt: „Wir binden den Kranz bei Mona." Mona verschränkt ihre Arme vor der Brust und fasst dann den rechten und linken Nachbarn an.
Es wird so lange „gebunden", bis alle Mitspieler mit überkreuzten Armen im Kreis stehen. Dann wird das Spiel umgekehrt gespielt. „Wir lösen den Kranz bei ..." Am Ende steht die Gruppe wieder in einer normalen Kreisform.

Mein rechter Platz ist frei

Spielidee: ruhiges Spiel zum gegenseitigen Wahrnehmen und Namenlernen
Material für die Variationen: Abbildungen, Zettel, Stifte

Ein Stuhlkreis wird gebildet, bei dem ein Stuhl frei bleibt. Das Kind, das links neben dem freien Platz sitzt, sagt: „Mein rechter, rechter Platz ist frei, ich wünsche mir die / den ... herbei!" Dabei nennt es den Vornamen eines Kindes. Das angesprochene Kind steht auf und setzt sich auf den freien Platz. Das Spiel wird so lange gespielt, bis möglichst alle Kinder einmal ihren Platz gewechselt haben.

Variation 1:
- Die Kinder wählen ihren „Wunschpartner", indem sie die Farbe der Schuhe, der Hose, des T-Shirts oder die Haarfarbe nennen.
- Jedes Kind hält einen realen Gegenstand oder ein Bild (z. B. eine Memory-Karte) in der Hand. Statt des Namens wird der Gegenstand genannt.

Variation 2 für Kinder ab 6: Jedes Kind hält einen Zettel mit einer Zahl, einem Buchstaben oder einem Wort („Ich wünsche mir das A herbei!" usw.) in der Hand.

Zauberei

Spielidee: Wahrnehmungsspiel zur genauen Beschreibung des Gegenübers
Material: leichtes Tuch (nicht zu klein)

Alle Kinder sitzen im Stuhlkreis rund um die Spielleitung. Die Spielleitung bewegt ein Tuch zu dem Zauberspruch „Eins, zwei, drei – Zauberei" auf und ab und legt es dann einem Kind über Kopf und Oberkörper. Das Kind ist jetzt zur Hälfte verschwunden. Die übrigen Kinder sollen das „weggezauberte" Kind beschreiben: Wie heißt es, wie sieht es aus, wie sind Haarfarbe, Frisur, Brille, Kleidung? Dann wird der Zauber aufgelöst, das Tuch weggezogen. Hat die Personenbeschreibung gestimmt?

Vögelchen, piep einmal

Spielidee: Mitspieler sollen an der Stimme erkannt werden
Material: Tuch oder Augenbinde

Alle Kinder sitzen im Stuhlkreis. Ein Kind lässt sich die Augen verbinden, wird von der Spielleitung zu einem anderen Kind geführt und setzt sich bei diesem Kind auf den Schoß. Dann sagt es: „Vögelchen, Vögelchen, piep einmal!" Das so angesprochene Kind piept nun. Jetzt heißt es für das Kind mit den verbundenen Augen, das „Vögelchen" an seiner Stimme zu erkennen und beim Namen zu nennen. Wurde der Name richtig geraten, erfolgt ein Rollentausch. Das Spiel geht so lange, bis möglichst alle, die wollen, einmal mitgespielt haben.

Zieh mal an!

Spielidee: Ankleidespiel im Kreis

Zu Beginn des Spiels wird abgesprochen, welches Kleidungsstück gleich angezogen werden soll (z. B. die Jacke). Die Spielleitung gibt ein Startsignal. Die Kinder laufen alle zur Garderobe, holen das Kleidungsstück, kommen zurück in den Kreis und ziehen es dort an. Das Spiel wird mit weiteren Kleidungsstücken wiederholt.

Variation: Damit im Eifer nicht die Schwächeren umgerannt werden, kann das Spiel nach Altersgruppen getrennt gespielt werden.

Hinweis: Bei Bedarf hilft die Spielleitung den Kleinsten beim Anziehen.

> **Übergänge leicht gemacht**
> Spielerisch fällt es leichter, den Kreis aufzulösen, andere Aktivitäten bzw. einen Ortswechsel vorzubereiten oder sich zu verabschieden.

Chinesische Mauer

Spielidee: Reaktions- und Kommunikationsspiel zum Namen lernen
Material: großes, blickdichtes Tuch

Die Gruppe sitzt im Kreis. In der Mitte halten zwei Mitspieler ein großes Tuch wie eine Trennwand. Der Kreis formiert sich zu zwei Halbkreisen, die einander hinter dem Tuch nicht mehr sehen können. Nun wird von der Spielleitung aus jedem Halbkreis ein Mitspieler leise aufgerufen (oder angetippt). Spieler A setzt sich rechts, Spieler B links vor das Tuch. Auf ein Signal wird das Tuch fallengelassen. Die Partner sollen nun den Namen des Gegenübers rufen. Das Spiel wird so lange fortgesetzt, bis alle Gruppenmitglieder einmal an der Reihe waren.

Variation: Um das Spiel spannender zu gestalten, wird derjenige, der zuerst den Namen gerufen hat zum Gewinner. Der „Verlierer" wechselt in die andere Gruppe. Das Spiel wird so lange fortgesetzt, bis es nur noch eine Gruppe gibt.

Hände und Füße erkennen

Spielidee: Mitspieler sollen nur anhand ihrer Hände / Füße erkannt werden
Material: große Decke oder großes Tuch

Ein Kind oder mehrere Kinder gehen kurz vor die Tür. Inzwischen verstecken sich 6 bis 8 Kinder unter einer Decke. Sie setzen oder legen sich so, dass nur ihre Füße (mit oder ohne Schuhe / Strümpfe) bzw. ihre Hände herausgucken. Der Rest ist verdeckt. Dann wird das Kind von draußen wieder hereingerufen.
Es soll raten, welche Hände / Füße zu welchem Kind gehören. Wird der Name richtig gesagt, soll das Kind unter der Decke einen Laut von sich geben. Wurde falsch geraten, so schweigt es. Erst wenn alle Namen richtig genannt wurden, wird die Decke hochgenommen. Wer möchte sich jetzt verstecken?

Schifffahrt

Spielidee: Abschlussspiel, bei dem alle in ein „Schiff" steigen und gemeinsam z. B. nach Hause fahren

Auf der Donau woll'n wir fahren,
wo das Schifflein sich dreht.
Und das Schifflein heißt (Name des Kindes nennen)
und die / der (Name wiederholen) *kommt mit!*
Auf der Donau woll'n wir fahren ...

Schlussvers:
... und das Schifflein fährt nach Hause,
alle Kinder fahren mit!

Die Spielleitung geht um den Kinderkreis und singt das Lied bzw. sagt den Vers auf.
Jedes Kind wird namentlich aufgerufen, steigt ein und fährt mit, bis nach dem Schlussvers alle ein langes Schiff bilden. Am Ende gehen alle gemeinsam zum Ausgang.

Hinweis: Das Spiel eignet sich auch, um allgemein einen Ortswechsel vorzubereiten.

Abklatschen

Spielidee: sich per Handschlag verabschieden

Die Kinder stehen im Kreis, strecken einen Arm zur Mitte hin aus und halten die Handfläche leicht nach oben gestreckt. Ein Kind läuft einmal innen im Kreis herum und klatscht jedes andere Kind ab. Es kann dabei auch kurz „tschüss, tschüss, tschüss ..." sagen. Nun ist das nächste Kind an der Reihe. Es wird so lange gespielt, bis alle Mitspieler einmal reihum gegangen sind und sich verabschiedet haben.

Stühle wegbringen

Spielidee: Aufräumen einmal anders – so leise wie möglich

Die Spielleitung schaut ein Kind an oder blinzelt bzw. nickt ihm zu. Dieses Kind nimmt nun so leise wie möglich seinen Stuhl, trägt ihn außerhalb des Kreises in eine Ecke. Sie kann auch mehreren Kindern gleichzeitig zublinzeln. Außerhalb des Kreises warten die Kinder, bis auch der letzte Stuhl verschwunden ist.

Das Raumschiff fliegt weg

Spielidee: ein turbulenter Abschied mit Bewegung und Geräuschen
Material: Kreide (oder Seil)

Zur Vorbereitung zeichnet oder legt die Spielleitung einen Kreis auf den Boden als Startplatz für das Raumschiff.
Die Kindergruppe wird nun in drei Untergruppen eingeteilt:
Gruppe 1 soll mit den Händen auf den Boden schlagen.
Gruppe 2 soll niederknien und sich auf die Oberschenkel patschen.
Gruppe 3 soll sich auf den Boden setzen und mit den Beinen strampeln.

Jetzt wird der Start des Raumschiffs vorbereitet. Die Spielleitung ruft: „Gruppe 1 an den Start!" Die Kinder der ersten Gruppe hocken sich rings um den markierten Kreis und schlagen so laut sie können mit den Händen auf den Boden.
„Gruppe 2 an den Start!" Die Kinder der zweiten Gruppe knien um den Kreis der ersten Gruppe und patschen sich auf die Oberschenkel.
„Gruppe 3 an den Start!" Die Kinder setzen sich außen herum auf den Boden und strampeln mit den Beinen.
Dann startet das Raumschiff und die Spielleitung ruft: „Wir fliegen!" Alle Kinder stehen schnell auf, rufen laut „huuuiiiiii" und werfen die Arme in die Luft.
Die Spielleitung ruft: „Wir landen!" Darauf setzen sich alle Kinder wieder auf den Boden. Zum Schluss bilden alle einen großen Kreis, fassen sich an den Händen und sagen laut: „Auf Wiedersehen!"

Komm in unseren Kreis!

Kooperative Spiele für ein gutes Gruppenklima

Nach festgelegten Regeln werden gemeinsam Aufgaben gelöst. Die Kinder konzentrieren sich aufeinander, stimmen sich ab und arbeiten zusammen. Dabei sind Einfühlungsvermögen, Vertrauen und Solidarität gefragt.

Auf Tuchfühlung

Spielidee: Kooperationsspiel mit einem großen Tuch
Material: Bettlaken, Decke oder Gardine, verschiedene Gegenstände (z. B. Luft-ballons, kleine Bälle, Stofftiere)

Die Kinder sitzen im Kreis auf der Erde. Die Spielleitung legt ein Tuch in die Mitte und jedes Kind hält ein Stück des Tuchs.
Schließlich legt die Spielleitung einen Gegenstand auf das Tuch, z. B. ein Stofftier oder einen Luftballon oder weiche Mini-Bälle. Alle bewegen das Tuch so, dass die Gegenstände über das Tuch wandern. Zum Schluss werden sie hochgeworfen, sodass sie vielleicht aus dem Tuch herausfliegen. Dann werden sie wieder einge-sammelt und das Spiel beginnt von vorn.

Variation 1: Die Kinder sprechen einen kurzen Reim oder singen ein Lied, wäh-rend sie das Tuch bewegen. Sie können auch mit dem (gespannten) Tuch zu dem Lied gemeinsam im Kreis gehen.

Variation 2: Ziel kann es auch sein, die Gruppe zu motivieren, möglichst nichts aus dem Tuch zu verlieren.

Armer schwarzer Kater

Spielidee: lustiges Kontakt- und Streichelspiel

Die Kinder sitzen im Kreis auf dem Boden, ein Kind schlüpft in die Rolle des Ka-ters. Nun geht es reihum, hockt sich vor einem Kind auf die Erde und miaut. Der Mitspieler muss den Kater streicheln und „armer schwarzer Kater" dabei sagen. Der Kater darf ulkige Grimassen schneiden und herzzerreißend miauen. Aller-dings darf keiner der Mitspieler lachen. Wer doch lacht, tauscht mit dem Kater.

Variation: Die Kinder können sich weitere Tiere ausdenken, was besonders lustig sein kann (z. B. „armer Frosch, Floh, Spatz, Hase" usw.).

Komm unter die Decke!

Spielidee: freies Bewegen und koordiniertes Versammeln
Material: Decke oder Laken, Handtrommel

Die Kinder sitzen im Kreis auf der Erde. In der Kreismitte liegt eine Decke. Die Spielleitung fordert die Kinder auf, auf allen vieren im Kreis herum zu krabbeln. Dazu schlägt sie eine Trommel. Wenn sie einmal ganz fest und laut schlägt, sollen sich alle Kinder ganz schnell auf die Decke setzen (oder gemeinsam unter die Decke krabbeln, sodass niemand mehr zu sehen ist).

Variation: Die Spielleitung kann das Spiel auch mit folgendem Vers begleiten:

Zehn kleine Krabbelkäfer krabbeln hin und her.
Zehn kleinen Krabbelkäfern fällt das gar nicht schwer.
Zehn kleine Krabbelkäfer suchen ein Versteck.
Zehn kleine Krabbelkäfer sind auf einmal weg!

Die Kinder krabbeln um die Decke herum. Bei dem Wort „Versteck" klatscht die Spielleitung in die Hände (oder schlägt 1x fest die Handtrommel), daraufhin krabbeln die Kinder unter die Decke und verstecken sich.

Gemeinsam aufstehen

Spielidee: Kooperatives Kontakt-Spiel – Berührungsängste abbauen

Die Kinder sitzen paarweise Rücken an Rücken im Kreis. Auf ein Signal hin sollen sie sich gemeinsam in den Stand aufrichten – und anschließend gemeinsam wieder hinsetzen. Dabei müssen sie sich vertrauensvoll an den Rücken des Partners drücken.

Hinweis: Die Kinder-Paare sollten in Alter, Größe und Gewicht zueinander passen.

Gesichter ertasten

Spielidee: andere Kinder durch Abtasten des Gesichts erkennen
Material: Tuch oder Augenbinde

Ein Kind bekommt die Augen verbunden oder ein Tuch über den Kopf gehängt. Es soll mit den Händen vorsichtig Kopf und Gesicht eines anderen Kindes befühlen und seinen Namen raten. Die Spielleitung wählt unter den Kindern im Kreis, die sich freiwillig dazu melden, eines aus, das abgetastet wird.

Wird der Name auch nach mehreren Versuchen nicht erraten, so hilft die Gruppe weiter, indem sie beispielsweise Merkmale des Kindes nennt (blonde Haare, einen Pferdeschwanz) oder Vorlieben. Wurde der Name erraten, erfolgt eine neue Runde.

> Nicht alle Kinder lassen sich begeistert die Augen verbinden. Es ist wichtig, hier den Kindern auch andere Möglichkeiten aufzuzeigen, wie z. B. die Augen zu schließen, ein loses Tuch über den Kopf zu legen usw.

Der Kreis ist rund – na und?

Spielidee: koordinierte Bewegung, gemeinsame Um- und Neugestaltung des Kreisraums

Alle fassen sich an den Händen und bilden zunächst stehend einen Kreis.
Die Spielleitung gibt der Gruppe eine gemeinsame Aufgabe, z. B.:

- Gemeinsam im Kreis herum gehen.
- In die Mitte gehen.
- Wieder zurückgehen und den Kreis ganz weit machen.
- Auf die Zehenspitzen stellen und zu „Riesen" werden.
- In die Hocke gehen.
- Auf die Erde setzen.
- Nach rechts und links, vor und zurück schaukeln.
- Mit den Füßen strampeln.
- Auf den Rücken legen.
- Wieder aufsetzen.
- Auf den Bauch legen.

Gib mal weiter!

Spielidee: Geschicklichkeitsspiel, bei dem alle Kinder zusammenarbeiten
Material: Gegenstände (z. B. Stofftier, Softball, Kissen, Luftballon ...)
Für die Variation: Wattekugel

Alle Kinder sitzen im Stuhlkreis oder auf der Erde. Ein Gegenstand wird im Kreis mit den Händen, später mit den Füßen herumgegeben. Klatscht die Spielleitung in die Hände, erfolgt ein rascher Richtungswechsel. Dieser wiederholte Wechsel der Richtung und eine Steigerung des Tempos bringen Spannung ins Spiel!

Variation für Kinder ab 5 Jahren: Alle Kinder strecken einen Arm zur Kreismitte. Dabei soll abwechselnd bei einem Kind die Handfläche, beim nächsten der Handrücken nach oben zeigen.
Die Spielleitung legt nun einem Kind eine Wattekugel auf den Handrücken. Es soll die Kugel durch Drehen seiner Hand in die Handfläche des Nachbarkindes gleiten lassen. Der wiederum legt die Kugel auf den Handrücken seines Nachbarn usw. bis die Kugel im Kreis herum gewandert ist.

Pendeln im Kreis

Spielidee: Vertrauensübung – sich auf andere verlassen

Die Gruppe stellt sich in einen engen Kreis. Ein Kind geht in die Mitte. Es macht sich „steif wie ein Brett" und lässt sich nach hinten fallen, wobei die umstehenden Kinder das Kind auffangen und vorsichtig über die Kreismitte zurück zum nächsten Kind schieben. Dieses Pendeln wird einige Male wiederholt. Dann geht ein neues Kind in den Innenkreis und versucht sich als Pendel.

Hinweis: Bevor dieses Spiel gespielt werden kann, ist es wichtig, die Kinder für die eigene Körperspannung zu sensibilisieren. Ein Kind liegt am Boden, macht sich möglichst steif und die anderen Kinder der Gruppe heben es leicht an.

Blindgänger

Spielidee: Vertrauensübung – sich führen lassen

Material: Augenbinde

Alle Kinder bilden einen weiten Stehkreis. Ein Kind lässt sich die Augen verbinden. Es soll sich nun vorsichtig tastend innerhalb des Kreises fortbewegen. Dabei bilden die Mitspieler die äußere Grenze. Sie können das Kind im Kreis lenken, indem sie z. B. „vorwärts" oder „stopp" oder „umdrehen" o. Ä. rufen.

Achtung, es schmilzt!

Spielidee: Kooperation

Material: Zeitungen

In die Mitte des Stuhlkreises werden Zeitungen gelegt, die eine Eisscholle darstellen sollen. 6–8 Kinder stellen sich auf jede Scholle. Ein Kind der Gruppe bleibt außen stehen. Es spielt die Sonne.

Die Spielleitung erzählt, dass die Sonne scheint und die Eisschollen langsam schmelzen. Dazu geht das „Sonnen-Kind" ringsum und reißt von den Zeitungen immer wieder ein Stück ab, sodass die Kinder darauf enger und enger zusammenrücken und sich gegenseitig festhalten müssen.

Hinweis: Die Spielleitung beendet das Spiel, bevor die ersten Kinder das Gleichgewicht verlieren. So erleben alle, dass die Gruppe Halt und Sicherheit gibt.

Rettung

Spielidee: thematische Umsetzung im Bereich Mitgefühl und Hilfsbereitschaft

Alle Kinder bilden einen großen Kreis. Ein Kind geht in die Mitte und stellt einen „Notfall" dar, pantomimisch und / oder mit Worten, beispielsweise:

• Ich bin in einen tiefen Brunnen gefallen.
• Ich bin in tiefem Wasser und kann nicht schwimmen.
• Ich bin im Sand eingesunken und komme nicht wieder heraus.
• Ich habe mich verlaufen.

Dann ruft es laut: „Hilfe, rettet mich!"
Die Gruppe fragt: „Wie können wir dich retten?"
Das Kind macht nun Vorschläge. Dabei können auch „Spaß-Aufgaben" gestellt werden, z. B. alle müssen hüpfen, krabbeln, sich im Kreis drehen, eine Runde rennen, ein Lied singen ...
Irgendwann ruft das Kind in der Mitte „Gerettet!". Jetzt gehen die Kinder von außen in die Mitte, berühren das Kind an der Schulter. Damit ist es „erlöst". Wer möchte jetzt einen neuen „Notfall" spielen?

Auf einem Bein

Spielidee: das Gleichgewicht suchen, halten und auf die anderen vertrauen

Die Kinder stehen im Kreis, halten sich an den Händen. Auf ein Signal der Spielleitung versuchen alle, nur auf einem Bein zu stehen und das Gleichgewicht zu halten. Die Gruppe gibt Stütze und Sicherheit.

Variation: Die Spielleitung sagt: „Jetzt kommt ein Sturm!" Alle schaukeln vor und zurück, hin und her.

Zusammengewachsen

Spielidee: aktiv zusammenarbeiten, Bewegungen koordinieren
Material: CD mit Bewegungsmusik, CD-Spieler oder Handtrommel

Die Kinder finden sich zu Paaren oder Kleingruppen zusammen (mindestens zwei, maximal vier Kinder). Die Paare bzw. Kleingruppen sind an einer Stelle des Körpers „zusammengewachsen" (z. B. an den Armen oder an den Schultern bzw. an den Rücken, vielleicht auch an den Beinen). Nun bewegen sich die Kinder, die zusammengewachsen sind, als Paare oder Kleingruppen auf der Kreislinie zur Musik oder zum Handtrommelspiel. Wenn die Musik aufhört, ist der „Zauber" vorbei. Alle lösen sich wieder voneinander und suchen sich für die nächste Runde neue Partner.

Variation: Zum Schluss ist die gesamte Gruppe zusammengewachsen und bewegt sich gemeinsam dicht an dicht.

Zwinkern

Spielidee: aufmerksam sein, nur über die Mimik kommunizieren

Die Gruppe wird in zwei Untergruppen aufgeteilt. Gruppe A setzt sich auf einen Stuhl im Kreis. Ein Stuhl bleibt leer. Gruppe B stellt sich hinter die Stühle. Ein Kind hat keinen Partner, weil es hinter dem leeren Stuhl steht.

Alle Kinder nehmen untereinander Blickkontakt auf. Das Kind hinter dem freien Stuhl zwinkert (oder nickt) einem Spieler im Sitzkreis zu. Fühlt sich das betreffende Kind durch das Zwinkern angesprochen, so steht es blitzschnell auf und versucht, den freien Stuhl zu erreichen. Der Partner hinter ihm soll es jedoch an der „Flucht" hindern, indem es ihm schnell die Hände auf die Schultern legt. Entwischt das Kind trotzdem, dann muss der Partner seinerseits ein neues Kind aus dem Kreis herbeizwinkern. Es wird weiter gezwinkert, bis möglichst alle einmal den Platz getauscht haben.

Wirrwarr

Spielidee: schwierige Situationen gemeinsam lösen

Die Kinder stellen sich in einen großen Kreis, schließen die Augen, strecken die Arme aus und gehen vorsichtig in Richtung Kreismitte bis sie Partnerkinder erwischen. Jeder sollte zwei Partner anfassen und festhalten. So bilden sich mehrere ineinander verknotete Ketten. Auf ein Zeichen der Spielleitung öffnen alle die Augen. Können sich die Kinder entknoten, ohne die Hände loszulassen?

Sonne und Mond

Spielidee: der Kreis hält auch in ungewöhnlicher Form – Vertrauensübung

Alle Kinder stellen sich im Kreis auf. Die Spielleitung geht von Kind zu Kind und sagt zu einem „Sonne", zum nächsten „Mond", dann wieder „Sonne" usw. Nun wird der Kreis möglichst groß gemacht, alle halten sich ganz fest an den Händen. Die Mondkinder lehnen sich mit gestreckten Armen schräg nach vorn zur Kreismitte, die Sonnenkinder nach hinten. Wenn alle die Arme strecken und sich vor- oder zurücklehnen, stimmt die Balance der Gruppe und der Kreis hält.

Raubtierdressur

Spielidee: Bewegungszirkus auf der Kreislinie
Material: mehrere Gymnastikreifen

Im Sitzkreis auf dem Boden bekommt jedes vierte oder fünfte Kind einen Reifen (bei altersgemischten Gruppen die älteren Kinder), den es senkrecht festhalten soll. Die anderen spielen nun Löwen und Tiger. Sie krabbeln auf allen vieren durch die Reifen im Kreis herum.

Raupenlauf

Spielidee: alle Mitspieler bewegen sich als Raupe – Kooperationsspiel

Die Raupe hat Hunger.
Erst frisst sie sich

- durch ein Blatt,
- dann durch ein Stück Käse,
- anschließend durch einen Apfel,
- dann durch eine Möhre,
- anschließend durch Schokolade

usw.
Am Ende ist die Raupe satt und müde
und legt sich schlafen.

Nach einer Weile wird sie wach
und ist ein bunter Schmetterling.

Zwei (ältere) Kinder halten sich an den Händen und bilden eine Art „Torbogen".
Alle übrigen Kinder bilden eine Raupe. Dazu stellen sie sich hintereinander auf
und legen die Hände auf die Schultern des Vordermanns.
Zu der Spielgeschichte, die die Spielleitung erzählt, geht die Kinder-Raupe immer
wieder durch den Torbogen und macht dabei Schmatzgeräusche. Sie durchquert
für jedes genannte Lebensmittel einmal den Bogen.
Wenn die Raupe in der Geschichte satt und müde ist, legen sich die Kinder auf
den Boden und stellen sich schlafend.
Wenn die Raupe schließlich als Schmetterling aufwacht, stehen die Kinder auf
und gehen mit ausgebreiteten Armen als Schmetterlinge umher.

Hinweis: Zur Vorbereitung auf das Spiel kann mit den Kindern das Bilderbuch
„Die kleine Raupe Nimmersatt" von Eric Carle angeschaut werden.

Das Karussell dreht sich schnell

Turbulente Bewegungsspiele in froher Runde

Bei diesen Kreisspielen steht keiner still. Die Kinder können ihren Körper wahrnehmen, unterschiedliche Bewegungen ausprobieren, Gleichgewicht üben, den Raum erfahren. Und manchmal müssen sie schnell reagieren und geschickt mit Geräten und Materialien hantieren.

Auf der grünen Wiese

Spielidee: einfaches Kreis-Bewegungsspiel schon für die Kleinsten
Material für die Variation: Gymnastikreifen

Alle fassen sich an, bilden einen Kreis. Dann singt oder spricht die Spielleitung mit den Kindern den folgenden Vers:

Auf der grünen Wiese
steht ein Karussell.
Erst dreht es sich langsam,
dann dreht es sich schnell.
Einsteigen!
Festhalten!
Alle Kinder fahren schnell
auf dem Karussell. (2x)

Zunächst gehen alle langsam vorwärts, dann etwas schneller. Bei „einsteigen" und „festhalten" bleiben sie stehen und stampfen mit den Füßen. Zum Schluss bewegen sich die Kinder wieder schneller oder laufen im Kreis.

Variation: Die Spielleitung hält einen Gymnastikreifen waagerecht und jedes Kind hält mit einer Hand den Reifen fest. Zum Vers gehen die Kinder dann im Kreis herum.

Hinweis: Kleine Kinder, die noch nicht sicher laufen, können zu dem Spiel auch einzeln von einem Erwachsenen im Kreis herum getragen und als „Karussell" durch die Luft gewirbelt bzw. gedreht werden.

Warum Spiele mit Tempo?
Kinder lieben und brauchen Bewegung, aber nicht immer kann die Gruppe in einen weitläufigen Bewegungsraum oder ins Freie gehen. Da helfen Spiele, die auch auf engem Raum zwischendurch gespielt werden können.

Kritze, kratze

Spielidee: zu einem Vers verschiedene Bewegungsarten ausführen

Kritze, kratze
schleicht die Katze.
Kritze, kratze
schleicht die Katze.
Kommt der Hund gelaufen
wirft alle über'n Haufen.

Die Kinder sprechen den Vers und bewegen sich dazu. Alle halten sich an den Händen, bilden einen Kreis und schleichen vorwärts auf der Kreislinie. Bei dem Stichwort „Hund" laufen alle los und lassen sich dann über „den Haufen werfen", indem sie sich auf die Erde fallen lassen.

Variation: Ein Kind spielt den Hund, der bellend herbeikommt, worauf die Kinder Reißaus nehmen und sich dann fallen lassen.

Der Hüpfkreis

Spielidee: kurzes, bewegungsintensives Spiel für Zwischendurch
Material: weiche Kissen und / oder Polster, Handtrommel

Die Kissen werden zu einem Kreis gelegt. Jedes Kind darf sich ein Kissen auswählen. Auf ein Startzeichen der Spielleitung – klatschen oder trommeln – sollen alle auf den Kissen herum springen. Auf ein erneutes Zeichen setzen sich alle blitzschnell auf ihr Kissen.

Variation: Nach einem Signal hören alle mit dem Hüpfen auf, springen in die Kreismitte und setzen sich dort kurz auf die Erde, bevor das Spiel im Außenkreis von vorn beginnt.

Ist die Maus zu Haus?

Spielidee: Reaktions- und Bewegungsgeschichte
Material: langes Tuch oder Schal

Die Spielleitung wählt ein Kind als Maus und ein weiteres als Katze aus der Gruppe aus. Alle übrigen Mitspieler stellen sich in einem weiten Kreis auf.

Die Maus bekommt ein langes Tuch als Mäuseschwanz hinten in den Hosenbund gesteckt. Sie hockt sich in die Kreismitte und schließt die Augen, als würde sie schlafen. Die Katze darf nicht in den Kreis sondern schleicht außerhalb des Kreises herum.

Nun fragt die Katze ein Kind, das im Kreis steht: „Ist die Maus zu Haus?"

Das Kind antwortet: „Ja, aber sie schläft noch."

Die Maus atmet gleichmäßig und hält die Augen geschlossen.

Dann geht die Katze zum nächsten Kind und fragt wieder: „Ist die Maus zu Haus?"

Das gefragte Kind antwortet: „Sie ist gerade aufgestanden."

Die Maus in der Kreismitte streckt sich und gähnt.

Nun geht die Katze zum dritten Kind und fragt wieder: „Ist die Maus zu Haus?"

Der gefragte Mitspieler überlegt sich eine Antwort und die Maus in der Kreismitte stellt die genannte Situation pantomimisch dar.

Das geht so lange, bis ein Kind aus dem Kreis der Katze antwortet: „Sie ist gerade aus dem Haus gelaufen."

Jetzt flüchtet die Maus schnell aus dem Kreis und läuft eine Runde um den ganzen Kreis herum. Die Katze läuft hinter der flüchtenden Maus her und versucht, ihren Mäuseschwanz zu erwischen. Ist die Maus schnell genug und vollendet sie die Runde, ohne erwischt zu werden, darf sie wieder zurück in ihr sicheres Haus, in die Kreismitte.

Erwischt jedoch die Katze ihren Mäuseschwanz, ist die Maus „gefangen" und kann beim nächsten Spiel selber in die Rolle der Katze schlüpfen.

Wer möchte nun die Maus spielen?

Stühle tauschen

Spielidee: turbulentes Reaktionsspiel

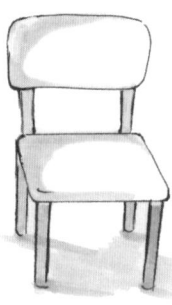

Die Kinder sitzen im Stuhlkreis. Ein Kind beginnt das Spiel, indem es einen Wunschpartner nennt, z. B.: „Ich tausche mit Lena." Daraufhin tauscht das Kind mit Lena den Platz. Jetzt darf Lena einen Wunschpartner nennen. Das Spiel wird fortgesetzt, bis möglichst alle einmal getauscht haben.

Variationen für Kinder ab 4 Jahren:

- Die Spielleitung gibt die Tauschkriterien vor, z. B.: „Alle Jungen tauschen." Oder: „Alle Kinder, die vier Jahre alt sind, tauschen."
- Die Kinder werden in Obstsorten eingeteilt. Nun heißt es vielleicht: „Äpfel tauschen mit Kirschen." Wenn die Spielleitung „Obstkorb" ruft, tauschen alle miteinander die Plätze.

Alle Katzen fliegen hoch

Spielidee: Reaktions- und Bewegungsspiel, bei dem Sprachverständnis und Vorstellungsvermögen gefragt sind

Die Kinder setzen sich in einen großzügigen Stuhlkreis. Dann stehen alle auf und versammeln sich in der Kreismitte. Die Spielleitung ruft nun laut.: „Alle Flugzeuge fliegen hoch." Da Flugzeuge wirklich fliegen können, laufen alle zu einem Stuhl, klettern hoch und breiten die Arme aus. Dann geht es wieder zurück in die Kreismitte. Nun ruft die Spielleitung z. B.: „Alle Katzen fliegen hoch." Da Katzen aber nicht fliegen können, bleiben alle Kinder stehen.

Bei dem Satz „Alle Vögel fliegen hoch!" ist es wieder anders. Die Kinder laufen schnell zum Stuhl, klettern hoch usw.

Wer versehentlich meint, dass z. B. Elefanten oder Bäume fliegen können und auf einen Stuhl steigt, der muss mitsamt Stuhl ausscheiden.

Bierdeckellauf

Spielidee: Bewegungs- und Reaktionsspiel
Material: Bierdeckel, Handtrommel
Für die Variation: CD mit Bewegungsmusik und CD-Spieler

Aus den Bierdeckeln wird ein weitläufiger Kreis gelegt. Die Kinder gehen oder laufen außen um den Kreis herum. Wenn die Spielleitung einmal fest trommelt oder in die Hände klatscht, sucht sich jeder einen Deckel und bleibt dann wie „festgezaubert" darauf stehen.

Variation: Die Spielleitung lässt Bewegungsmusik laufen, zu der die Kinder umherlaufen. Stellt sie die Musik aus, versuchen die Mitspieler schnell einen Bierdeckel zu erreichen. Das Spiel wird in raschem Wechsel mehrmals wiederholt.

> Kreisspiele mit viel Bewegung sind angesagt, wenn Kinder unruhig und zappelig werden, zu Aggressionen neigen, sich wenig konzentrieren können, bei schlechtem Wetter oder mieser Montagslaune. Bewegung bringt Spaß, hebt die Stimmung, macht locker.

Auf dem Rummelplatz

Spielidee: turbulentes Reaktionsspiel mit Richtungswechsel
Material: Kreide oder Seile, Handtrommel

Alle Kinder fassen sich an den Händen, stellen sich in einem Kreis auf und lassen sich dann wieder los. Die Spielleitung markiert mit Kreide oder Seilen vor den Füßen der Kinder eine Kreislinie. Nun befinden sich alle außen hinter der Linie. Dann drehen sich die Kinder zur Seite, sodass alle im Kreis hintereinander stehen. Jetzt setzt sich das Karussell in Bewegung. Alle laufen los. Beim Trommelschlag bleiben sie plötzlich stehen, drehen sich um und laufen in die entgegengesetzte Richtung. Beim nächsten Trommelschlag gibt es wieder einen Richtungswechsel.

Drehwurm

Spielidee: Bewegungsspiel mit Aktions- und Ruheintervallen
Material: Gymnastikreifen oder Plastikteller

Die Gruppe bildet stehend einen großen Kreis. Die Spielleitung dreht in der Mitte einen Reifen oder einen Plastikteller senkrecht um die eigene Achse. Solange sich der Reifen bzw. der Teller dreht, soll die Gruppe sich mitbewegen. Zuvor wurde die Bewegungsform festgelegt (z. B. um sich selber drehen, hochspringen, tanzen). Sobald der Reifen / Teller aufhört sich zu drehen und auf die Erde fällt, sollen sich auch die Kinder fallen lassen bzw. hinsetzen. Dann beginnt das Spiel von vorn.

Seiltanz

Spielidee: einfaches Koordinations- und Balancespiel mit einem Seil
Material: langes Seil oder mehrere kleine Seile, Handtrommel

Aus Seilen wird ein großer Kreis gelegt. Die Kinder sind nun „Seiltänzer" und balancieren auf der Kreislinie vorwärts. Auf ein Trommelzeichen hin bleiben sie stehen und springen über das Seil (jeweils vom Innen- in den Außenkreis und zurück), bis wieder ein Trommelzeichen ertönt. Dann heißt es: Zurück auf das Seil und vorwärts gehen.

Der große Spiegel

Spielidee: Spiel zum Beobachten, Nachahmen (Pantomime) und Lachen

Alle stehen im Kreis. Die Spielleitung geht in die Mitte und macht eine Bewegung, eine Geste oder eine Grimasse vor (z. B. springen, drehen, auf einem Bein stehen, winken, gähnen usw.). Der Außenkreis ist der „Spiegel" und alle Kinder ahmen die Vorstellung nach. Interessant wird es, wenn jetzt Kinder abwechselnd in die Mitte gehen, sich etwas ausdenken und vorspielen.

Blütenblätter

Spielidee: Bewegungsspiel mit Reifen
Material: Gymnastikreifen, Tücher oder Papierstreifen in den Grundfarben

In einem großen Raum wird aus mehreren Reifen ein Außenkreis und im Zentrum ein Reifen als Innenkreis gelegt. Der kleine Innenkreis soll eine „Blüte" darstellen. Jedes Kind bekommt ein farbiges Tuch oder einen Papierstreifen ans Handgelenk gebunden. Zunächst hüpfen oder gehen alle Kinder im großen Außenkreis von Reifen zu Reifen.

Nun nennt die Spielleitung eine Farbe, z. B. Rot (oder „rote Blume"). Geschwind springen alle Kinder, die ein rotes Tuch bzw. Papier am Handgelenk haben, in die Kreismitte. Sie setzen sich in den Reifen im Zentrum und bilden so eine „rote Blüte". Das Spiel wird mit weiteren Farben in raschem Wechsel wiederholt.

Hinweis: Kenntnis der Grundfarben ist erforderlich!

Der heiße Ball

Spielidee: Laufspiel, bei dem es auch auf schnelles Reagieren ankommt
Material: Gymnastikball oder Softball

Alle sitzen im Kreis auf der Erde. Ein Kind bekommt den Ball. Es steht auf und schleicht außen um den Kreis herum. Plötzlich tippt das Kind den Ball einem anderen Kind auf den Rücken und ruft dabei: „Heiß!". Dann rennt es mit dem Ball außen um den Kreis herum und versucht, dessen alten Platz zu erreichen. Das angetippte Kind versucht, den flüchtenden „Übeltäter" noch rechtzeitig zu fangen. Gelingt dies nicht, so darf der „Übeltäter" den Ball behalten und sich erneut ein Opfer suchen. Gelingt es aber, so muss der Eingeholte den Ball sofort an das andere Kind abgeben. Dies wiederum darf jetzt herumschleichen, einem Kind mit dem Ball auf den Rücken tippen und „heiß" rufen. Das Spiel sollte so lang gespielt werden, bis möglichst alle mindestens einmal angetippt worden sind.

Ausrennen

Spielidee: Reaktionsspiel für Kinder, die kurzzeitig Bewegung brauchen
Material: Taschentuch

Die Kinder sitzen im Stuhlkreis oder im Kreis auf dem Boden. Die Spielleitung geht mit einem Taschentuch innen im Kreis herum und lässt es vor einem Kind fallen. Das Kind hebt das Tuch auf, läuft damit einmal außen um den Kreis herum, dann innen in den Kreis zurück und lässt es nun vor einem anderen Kind auf den Boden fallen. Jetzt hebt dieses Kind das Tuch auf und startet zu seinem Lauf.

Variation: Die Spielleitung fordert mehrere Kinder auf, mit zwei oder drei Taschentüchern kurz hintereinander los zu gehen.

Kreisball

Spielidee: Reaktions- und Geschicklichkeitsspiel mit dem Ball
Material: Gymnastikball oder Softball

Alle Mitspieler sitzen auf der Erde. Der Ball wird in raschem Tempo von einem Kind zum nächsten im Kreis herum gegeben.
Dann setzen sich die Kinder hintereinander auf die Kreislinie und halten die Arme hoch. Der Ball wird mit gestreckten Armen erst nach vorn und nach ein paar Runden rückwärts nach hinten über dem Kopf weitergegeben.
Danach stellen sich alle mit gegrätschten Beinen hintereinander im Kreis auf. Der Ball wird durch die Beine erst vorwärts und dann rückwärts durch den Kreis geschickt.

Variationen für Kinder ab 6 Jahren:
- Der Ball wird im Kreis kreuz und quer geworfen. Vor dem Werfen kann laut der Name des gewünschten „Ballfängers" gerufen werden.
- Ein Kind darf als „Störenfried" in die Kreismitte und versucht, den fliegenden Ball abzufangen.

Rum-didel-dum im Kreis herum

Sing-, Tanz- und Rhythmusspiele

Singen, rhythmisches Gehen, Klatschen, Stampfen, Tanzen – all das fördert Musikalität und Sprache und erzeugt positive Gefühle. Kleine wie große Kinder bewegen sich mit Begeisterung und Ausdauer im Rhythmus einfacher Melodien.

Brüderchen, komm tanz mit mir

Spielidee: Tanzspiel mit Drehen im Kreis
Material: Stofftiere der Kinder

Die Spielleitung geht mit den Kindern im Kreis herum und singt mit ihnen die erste Strophe des bekannten Liedes:

Brüderchen komm tanz mit mir,	*Die Kinder stehen im Kreis und klatschen.*
beide Hände reich ich dir.	*Sie fassen sich an den Händen.*
Einmal hin, einmal her,	*Hände, schaukeln hin und her,*
rundherum, das ist nicht schwer.	*die Kinder gehen rundherum und setzen*
	sich zum Schluss in die Hocke.

Variation für die Kleinsten: Alle sitzen auf der Erde im Kreis, singen und klatschen. Bei „Einmal hin, einmal her, rundherum ..." geht die Spielleitung zu einem Kind und dreht es im Kreis herum.
Das Singspiel wird fortgesetzt, bis alle Kinder, die wollen, einmal gedreht wurden.

Hinweis: Ältere Kinder können zu dem Lied auch paarweise tanzen. Kleinere Kinder tanzen dann mit ihrem Teddy oder einem anderen Stofftier.

Lauf, Mühle, lauf

Spielidee: rhythmisches Bewegungsspiel mit überraschendem Abschluss

Mühle, Mühle lauf, lauf, lauf	*Die Kinder bewegen sich zu dem Vers,*
Der Müller, der steht drauf, drauf, drauf.	*indem sie sich an den Händen fassen*
Macht der Müller bum, bum, bum,	*und schnell im Kreis gehen. Bei den*
dann fällt die ganze Mühle um.	*Worten „bum, bum, bum" stampfen alle*
	mit den Füßen, und am Ende des Verses
	lassen sich die Kinder zu Boden fallen.

Der Tanzbär

Spielidee: Tanzspiel mit Partnerwahl, bei dem nach und nach alle mit einbezogen werden

Melodie und Text überliefert

1. Ich bin der klei-ne Tanz-bär und kom-me aus dem Wald. Ich
su-che mei-ne Freun-de und fin-de sie schon bald.
Und wir tan-zen hübsch und fein von ei-nem auf das an-dre Bein.

1. Ich bin der kleine Tanzbär
und komme aus dem Wald.

   Ich suche meine Freunde
und finde sie schon bald.
Und wir tanzen hübsch und fein
von einem auf das andre Bein

2. Wir sind zwei kleine Tanzbären ...

*Der Bär geht zu dem Lied im Kreis herum
und sucht sich einen Freund
(eine Freundin).
Vor dem Kind seiner Wahl
bleibt er stehen.
Beide Bären stampfen von
einem auf das andre Bein.*

Zwei Tanzbären gehen im Kreis ...

Die Gruppe bildet einen großen Kreis. Ein Kind spielt den Tanzbären, und mit den weiteren Strophen kommen nach und nach immer mehr dazu, bis schließlich alle Kinder Tanzbären sind.

Die Ziehharmonika

Spielidee: Tanz- und Bewegungsspaß mit einfacher Bewegungskoordination

Melodie und Text überliefert

Ich ha-be ei-ne Zieh-har - mo - ni - ka, tschin-de-ras-sa, tschin-der-ras-sa bum bum bum. Sie spielt uns im-mer wie-der die al-ler-schöns-ten Lie - der. Ich ha-be ei-ne Zieh-har- mo - ni - ka, tschin-de-ras-sa, tschin-der-ras-sa bum bum bum.

Alle Kinder fassen sich an den Händen, singen das Lied und laufen im Kreis. Bei den Worten „bum, bum" stampfen sie mit den Füßen. Wenn der erste Satz wiederholt wird, drehen sich alle um und gehen in die entgegengesetzte Richtung.
Bei „Sie spielt uns immer wieder die aller-schönsten Lieder" gehen alle in die Kreismit-te und wieder zurück. Dann beginnt das Lied von vorn.

Hampelmann

Spielidee: rhythmisches Bewegungs- und Tanzlied, ideal zum „Dampf ablassen"

Melodie und Text überliefert

1. Jetzt steigt Ham - pel - mann, jetzt steigt Ham - pel - mann,

jetzt steigt Ham - pel - mann aus sei - nem Bett her - aus.

1.-8. O du mein Ham - pel - mann, mein Ham - pel - mann, mein

Ham-pel-mann! O du mein Ham-pel-mann, wie schön bist du!

2. Jetzt zieht Hampelmann ... sich seine Strümpfe an.

3. Jetzt zieht Hampelmann ... sich seine Hose an.

4. Jetzt zieht Hampelmann ... sich seine Schuhe an.

5. Jetzt zieht Hampelmann ... sich seine Jacke an.

6. Jetzt setzt Hampelmann ... sich seine Mütze auf.

7. Jetzt geht Hampelmann ... mit seiner Frau spazieren.

8. Jetzt tanzt Hampelmann ... mit seiner lieben Frau.

Die Kinder bilden einen Kreis. In der Mitte steht ein Kind als Hampelmann und macht alle Bewegungen vor, die im Lied genannt werden. Die anderen Kinder machen mit. Beim Refrain „O du mein Hampelmann ...", der nach jeder Strophe gesungen wird, hopsen die Kinder auf der Stelle oder alle nehmen einander an der Hand und hüpfen im Kreis. In der siebten Strophe sucht sich der Hampelmann ein Kind aus dem Kreis aus, mit dem es herumgeht. In der letzten Strophe finden sich alle Kinder zu Paaren zusammen und hüpfen umher.

Hinweis: Kinder ab 5 Jahren können den „echten" Hampelmannsprung probieren, bei dem abwechselnd die Beine gegrätscht und gleichzeitig die Hände mit gestreckten Armen über dem Kopf zusammengeschlagen und dann die Beine geschlossen und die gestreckten Arme seitlich nach unten geführt werden.

Schmetterling, du kleines Ding

Spielidee: gemeinsames Sing- und Tanzspiel

Melodie und Text überliefert

Die Kinder stehen im Kreis und klatschen zur Melodie. Ein Kind spielt den Schmetterling. Es fliegt mit weit ausgebreiteten Armen im Kreis umher, sucht sich eine Tänzerin / einen Tänzer und tanzt mit ihr / ihm in der Kreismitte. Dann beginnt das Spiel von vorn. Jetzt suchen sich zwei, vier usw. Schmetterlinge einen Partner.

Was tun wir denn so gerne?

Spielidee: gemeinsames Sing- und Bewegungsspiel

Melodie und Text überliefert

2. Was tun wir denn ...
   Klatschen, klatschen, pitsche, patsche, patsch ...

3. Was tun wir denn ...
   Drehen, drehen, immer rundherum ...

4. Was tun wir denn ...
   Wackeln, wackeln, wickel, wickel, wack ...

5. Was tun wir denn ...
   Tanzen, tanzen, hop, hop, hop, hop, hop...

6. Was tun wir denn ...
   Schleichen, schleichen, pst, pst, pst, pst, pst...

7. Was tun wir denn ...
   Fallen, fallen, fidi, fidi, bum ...

Die Kinder fassen sich an den Händen, gehen im Kreis und singen das Lied. Dazwischen bleiben sie immer wieder stehen und stellen (wie in den verschiedenen Strophen genannt) dar, wie sie singen, in die Hände klatschen, sich um sich selbst drehen, mit dem Hintern wackeln, hüpfen und springen und leise im Kreis gehen. Zum Schluss lassen sich alle auf den Boden plumpsen.

Die Katze tanzt im Kreis herum

Spielidee: Singspiel mit Kindern als Tier-Darstellern

Vor Beginn des Spiels verteilt die Spielleitung die Rollen der Tiere. Dann bildet die Gruppe einen großen Kreis. Die Katze geht gleich am Anfang in die Kreismitte, die vier anderen Tiere warten außerhalb des Kreises. Alle singen das Lied zur Melodie von „Das Wandern ist des Müllers Lust" und agieren wie beschrieben.

Text: B. Wilmes-Mielenhausen

1. |: Die Katze tanzt im Kreis herum, :| die Katze.
   Erst tanzt die Katze ganz allein
   |: und hebt dabei ganz hoch das Bein :|
   beim Tanze.

   Die Gruppe geht im großen Außenkreis und singt. Dazu tanzt die Katze allein in der Mitte.

2. |: Dann kommen Esel, Hund und Schwein :|
   zum Tanze.
   Sie gehen langsam Schritt für Schritt
   |: und drehen sich im Kreise mit :|
   beim Tanze.

   Der Außenkreis bleibt stehen.

   Genannte Tiere gehen in die Mitte, bewegen sich mit der Katze. Der Außenkreis klatscht dazu.

3. |: Dann kommt die kleine Haselmaus :|
   zum Tanze.
   Sie wackelt keck im Walzerschritt
   |: und alle Tiere wackeln mit :|
   beim Tanze.

   Die Maus geht zu den anderen

   Tieren in den Innenkreis, alle anderen Mitspieler wackeln mit. Alle bleiben stehen. Die Kinder im Außenkreis und die Tierkinder im Innenkreis fassen sich an den Händen gehen rundherum und setzen sich zum Schluss in die Hocke.

4. |: Am Abend ist das Tanzen aus :|
   das Tanzen.
   Dann laufen Esel, Hund und Schwein
   |: und Maus und Katze hinterdrein :|
   nach Hause.

Sitztanz

Spielidee: Bewegungen im Stuhlkreis zu einem Lied bzw. zu rhythmischer Musik

Zunächst zeigt die Spielleitung den Kindern im Stuhlkreis die Bewegungen, die anschließend ausgeführt werden sollen. Dann singen alle ein Lied und bewegen sich dazu folgendermaßen:

Im Sitzen:

2 x mit flachen Händen auf die Oberschenkel patschen.

2 x in die Hände klatschen.

2 x die flachen Hände übereinander bewegen (jeweils mit Nachfedern).

2 x gegen den rechten Ellenbogen des gebeugten Armes schlagen.

2 x gegen den linken Ellenbogen des gebeugten Armes schlagen.

2 x mit flachen Händen an Hüften vorbei nach unten schlagen.

Im Stehen: Rechtes Bein 1x heben. Linkes Bein 1x heben.

Hinsetzen und von vorn beginnen!

Hinweis: Die Bewegungen können zunächst langsam eingeübt werden. Je nach Alter und Geschick der Kinder können komplizierte Bewegungsfolgen einstudiert werden.

Ein kleiner Esel

Spielidee: einfaches Sing-Bewegungsspiel für Kleinere

Ich bin ein kleiner Esel
und wandre durch die Welt.
Ich wackle mit dem Hinterteil,

so wie es mir gefällt.
I-a, i-a, i-a, i-a, i-a.

Während der Text gesprochen oder zu einer einfachen Melodie gesungen wird, gehen alle im Kreis hintereinander her, wackeln mit ihrem Hinterteil und verbeugen sich bei „I-a, i-a, i-a, i-a, i-a".

Die Jahresuhr steht niemals still

Themenspiele zu Jahreszeiten und Festen

Die Jahreszeiten mit ihren Naturphänomenen und die Feste im Jahreskreis geben Impulse für die folgenden Kreisspiele. In fröhlicher Runde wird gesungen und getanzt.

Und wer im Januar Geburtstag hat

Spielidee: Sing- und Tanzspiel durch die Monate mit Aufruf der Geburtstagskinder

Melodie und Text überliefert

Und wer im Januar Geburtstag hat, tritt
Er mache im Kreis einen hohen Sprung, recht

ein, tritt ein, tritt ein. Nun
hoch, recht hoch, recht hoch.

dreh dich, nun dreh dich im Krei - se her - um!

Alle Kinder im Kreis singen das Geburtstagslied beginnend mit dem Januar. Die im Januar geborenen Kinder gehen in die Kreismitte (kleine Kinder gehen mit Hilfe der Spielleitung bzw. mit älteren Kindern gemeinsam in den Kreis) und hüpfen wie im Liedtext beschrieben hoch, drehen sich um sich selbst und treten zurück in den Kreis. Dann folgt die nächste Strophe mit dem Februar und den Februar-Kindern usw.

Hinweis: Zur Vorbereitung kann sich die Spielleitung einen Geburtstagskalender der Kinder bereitlegen, sodass sie weiß, in welchem Monat welche Kinder aufzurufen sind.

Jetzt fängt das Frühjahr an

Spielidee: Frühlingslied mit einfachem Bewegungsablauf

Melodie und Text überliefert

1. Jetzt fängt das schö-ne Früh-jahr an, und al-les fängt zu blü-hen an im grü-nen Gras und ü-ber-all.

2. Es wachsen Blumen auf dem Feld,
   sie blühen weiß, blau, rot und gelb
   es gibt nichts Schönres auf der Welt.

3. Jetzt geh ich über Berg und Tal,
   da hört man schon die Nachtigall
   im grünen Gras und überall.

Während die Kinder die erste Strophe singen, gehen sie mit angefassten Händen im Kreis. Bei der zweiten Strophe bleiben sie stehen, lassen die Hände los, heben langsam die Arme und stellen so wachsende Blumen dar. Dann fassen sich wieder alle an den Händen und gehen während der dritten Strophe im Kreis. Am Schluss des Liedes setzen sich alle nieder.

Frühlingswiese

Spielidee: Sing- und Bewegungsspiel mit bekannten Liedanfängen
Material: Kinderliederbuch

Die Spielleitung wählt vorab aus einem Kinderliederbuch bekannte Lieder aus, die sich direkt oder indirekt auf den Frühling beziehen, z. B.:

- Summ, summ, summ, Bienchen, summ herum
- Schmetterling, du kleines Ding
- Kuckuck, Kuckuck, ruft's aus dem Wald
- Ich bin 'ne kleine Schnecke
- Auf unsrer Wiese gehet was
- Alle Vögel sind schon da

Dann werden von der Spielleitung Tierrollen aus den jeweiligen Liedern an die Kinder vergeben, z. B. Bienen, Schmetterlinge, Kuckuck, Schnecken, Störche, Singvögel usw.

Die Kinder sitzen im Stuhlkreis oder auf dem Boden. Die Spielleitung stimmt nun ein Lied an und die Kinder singen mit, z. B. „Summ, summ, summ, Bienchen, summ herum". Sofort stehen jetzt die Bienen auf und tanzen innerhalb des Kreises wie auf einer Frühlingswiese herum.

Dann folgt der nächste Liedanfang, die Bienen setzen sich wieder auf ihren Platz und die Tiere des neuen Lieds, vielleicht Schmetterlinge, Kuckuck oder Störche, tanzen im Kreis.

Der Wunschkreis

Spielidee: Glückwünsche mit kleiner Naturgabe für das Geburtstagskind
Material: Naturmaterial wie Blüten, Blätter, Steine, Muscheln, Kastanien o. Ä.
Für die Variation: Kleine Wassergläser mit Schwimmkerzen

Zu Beginn des Spiels erhält jedes Kind im Außenkreis eine selbst gepflückte Blüte, ein Blatt, einen Stein o. Ä. Das Geburtstagskind setzt sich in die Kreismitte. Nun sagt der erste Mitspieler: „Ich gratuliere dir und wünsche dir …" (z. B. „viele Geschenke", „schönes Wetter", „viele Freunde" usw.). Dann legt er seine Blüte vor dem Geburtstagskind auf die Erde. Nun kommt der nächste Mitspieler mit seinem Wunsch für das Geburtstagskind an die Reihe. Zum Schluss darf sich das Geburtstagskind ein Lied bzw. Spiel wünschen.

Variation: Die Spielleitung gibt jedem Kind ein kleines Wasserglas mit einer brennenden Schwimmkerze darin. Nach den Wünschen der Kinder sitzt das Geburtstagskind zum Schluss in einem Lichtermeer.

Trarira, der Sommer, der ist da

Spielidee: sommerliches Sing- und Bewegungsspiel

Melodie und Text überliefert

1. Tra-ri-ra, der Som-mer, der ist da! Wir wol-len in den Gar-ten und wolln des Som-mers war-ten. Tra-ri-ra, der Som-mer, der ist da!

2. Trarira, der Sommer, der ist da.
Wir wollen zu den Hecken
und wollen uns verstecken.
Trarira, der Sommer, der ist da.

3. Trarira, der Sommer, der ist da.
Wir wollen alle singen,
wir wollen tanzen, springen.
Trarira, der Sommer, der ist da.

Die Kinder fassen sich an den Händen, singen die erste Strophe und gehen dabei im Kreis. Bei dem Wort „verstecken" in der zweiten Strophe gehen sie in die Hocke und machen sich ganz klein. Bei der dritten Strophe stehen sie wieder auf und gehen Hand in Hand weiter im Kreis.

Ich packe meinen Koffer

Spielidee: Gedächtnisspiel mit Gegenständen für die Ferienreise
Material: Koffer oder große Tasche, pro Mitspieler ein Gegenstand, z. B. Hose, Jacke, Schuhe, Teddy, Zahnbürste, Bilderbuch, Sonnencreme, Sonnenbrille, Schaufel usw.

Die Spielleitung sucht mit einigen Kindern vor Spielbeginn so viele Gegenstände zusammen wie Kinder mitspielen. Dann wird ein kleiner Koffer oder eine Tasche in die Kreismitte gestellt und die Gegenstände werden auf dem Boden verteilt. Nun beginnt das erste Kind im Kreis beispielsweise mit dem Satz: „Ich packe meinen Koffer und nehme eine Jacke mit." Daraufhin packt es die Jacke in den Koffer. So wird reihum gespielt, bis jedes Kind ein Teil in den Koffer gepackt hat. Wenn der Koffer voll ist, wird er geschlossen. Nun sollen die Kinder aus der Erinnerung Teile aufzählen, die eingepackt wurden. Dann wird der Koffer geöffnet. Wurden alle Gegenstände genannt?

Variation für Kinder ab 6 Jahren: Im Kreis werden, für alle gut sichtbar, 10 verschiedene Gegenstände in den Koffer gepackt. Ein Kind, das von der Spielleitung ausgewählt wurde, spielt den „Kofferdieb" und schiebt den Koffer nach draußen. Dort nimmt es einen Gegenstand heraus. Dann wird der Koffer zurück in die Mitte geschoben. Die übrigen Kinder sollen den Koffer wieder öffnen und den verschwundenen Gegenstand erraten.

Draußen spielen und genießen
Bei Kreisspielen im Freien verbinden sich Gruppenerfahrung, Spiel- und Bewegungsspaß mit herrlichen Naturerlebnissen. Eine wunderbare Idee ist es, die Spiele der Umgebung anzupassen. Warum nicht auf einer Wiese spielen, Wasser, Bäume, Wildblumen oder Steine miteinbeziehen?

Eine Reise nach Amerika

+4

Spielidee: mit Reimen und Bewegungen im Kreis „verreisen"

Alle stehen im Kreis, sprechen die folgenden Verse:

Text: B. Wilmes-Mielenhausen

Wir reisen nach Amerika. Das ist doch einfach wunderbar!	*Beide Arme freudig in die Luft werfen.*
Wir fliegen vorwärts, nicht zurück, mit einem Flugzeug namens „Glück".	*Arme ausbreiten und im Kreis herum „fliegen".*
Wir steigen dann ins Schiff gleich um, das schaukelt wild im Kreis herum.	*Schwankend im Kreis gehen.*
Wir steigen aus und geh'n an Land und krabbeln durch den Wüstensand.	*Auf allen Vieren krabbeln*
Wir reiten quer durch Afrika auf einem zahmen Dromedar.	*Wieder aufstehen und pantomimisch „reiten".*
Wir gehn zu Fuß durch Mexiko. Dort rutschen wir auf unser'm Po	*Mit dem Po wackeln.*
Wir gehn zu Fuß auch durch Peru. Wir haben wunderbare Schuh.	*Stampfen.*
Dann lassen wir die Reiserei. Wir fahrn nach Haus durch die Türkei und schlafen aus bis drei.	*Autofahren andeuten. Auf den Boden legen und schnarchen.*

Der kleine Igel

Spielidee: Vers mit Rollenspiel für zwei und mehr Kinder

Die Kinder sitzen im Kreis auf dem Boden. Ein Kind spielt den Igel (oder mehrere Kinder gemeinsam). Ein anderes Kind spielt den Hund. Die Spielleitung liest den Text vor, die Kinder können mitsprechen.

Text: B. Wilmes-Mielenhausen

Wer krabbelt durch den Garten?	*Der Igel krabbelt*
Willst du es mal erraten?	*im Kreis umher.*
Ist das nicht der Igelmann,	*Er grunzt und*
der grunzt und schnuppert? Hör's dir an!	*schnuppert ganz wie ein Igel.*
Schon kommt der Hund des Wegs daher,	*Der Hund krabbelt heran,*
bellt den Igel an, freut sich sehr.	*bellt laut.*
Doch unseren Igelmann,	
den geht das gar nichts an.	*Der Igel beachtet ihn nicht,*
Erst macht er sich ganz klein,	*er macht sich klein,*
dann kugelt er sich ein.	*rollt sich zusammen,*
Dann streckt er seine Stacheln raus	*streckt die Stacheln in die Höhe*
und bleibt versteckt im Igelhaus.	*(Arme heben, Finger spreizen)*
„Du bist mir viel zu stachelig",	
bellt der Hund und ärgert sich.	*Mit lautem Bellen*
Dann rennt er weg, schnell wie ein Blitz!	*verlässt der Hund den Kreis.*
Der Igel fragt: „Ist das ein Witz?	
Im Garten liege ich ganz still.	*Der Igel bleibt zuerst noch*
Der Hund soll machen, was er will!"	*still liegen,*
Kaum ist der Hund im Försterhaus,	*dann entrollt er sich,*
da kommt der Igel wieder raus.	*richtet sich langsam auf,*
Er krabbelt durch die Blätterhaufen.	*krabbelt im Kreis herum.*
Der Hund soll sich die Haare raufen	*Der Hund knurrt und ärgert sich.*

55

Herbstwind

Spielidee: Spiellied mit einfachen Tanzbewegungen

Die Gruppe stellt sich im Kreis auf, dann spricht die Spielleitung den Vers bzw. singt ihn mit den Kindern auf eine einfache Melodie und macht die Bewegungen vor.

Wenn der frische Herbstwind weht, geh ich auf die Felder.	*In die Hände klatschen.*
Schicke meinen Drachen hoch über alle Wälder.	*Die Arme in die Luft strecken und hin und her bewegen.*
Und er wackelt mit dem Ohr, wackelt mit dem Schwänzchen.	*Eine Hand ans Ohr legen und wackeln Eine Hand an den Po legen.*
Und er tanzt den Wolken vor „huiii" ein lustig' Tänzchen.	*Alle fassen einander an den Händen und laufen rundherum.*

Falle, falle gelbes Blatt

Spielidee: Verschiedenfarbige Blätter werden beim Spiel eingesetzt.
Material: Blätter in verschiedenen Farben
Für die Variation: CD-Spieler und CD mit Bewegungsmusik

Falle, falle gelbes (rotes, braunes, grünes) Blatt,
bis der Baum kein Blatt mehr hat.
Weggeflogen alle.

Die Spielleitung sammelt gemeinsam mit den Kindern verschiedenfarbige Herbstblätter in der freien Natur. Jedes Kind sucht sich ein Blatt aus und stellt sich auf einen Stuhl im Kreis. Zu dem Vers lassen alle Kinder, die ein gelbes Blatt haben, ihr Blatt fallen. Bei der Wiederholung des Textes fällt das rote, später das braune bzw. grüne Blatt, bis am Ende alle Blätter auf dem Boden liegen. Die Kinder sammeln die Blätter wieder ein. Jetzt nimmt jedes Kind eine andere Farbe und das Spiel beginnt von vorn.

Variation für Kinder ab 4 Jahren: Alle Kinder halten ein Blatt in der Hand, tanzen damit zur Musik, lassen es fallen, heben wieder ein neues Blatt auf. Die Spielleitung schaltet nach ein paar Minuten die Musik aus und die Kinder finden sich gruppenweise zusammen, je nach Farbe des Blattes, das sie gerade in Händen halten.

Hinweis: Grundlegende Farbkenntnisse erforderlich.

Die Katze im Schnee

+2

Spielidee: vorsichtig durch hohen Schnee schleichen wie Katzen
Material: weiße Papierschnipsel
Für die Variation: Durchsichtige Malerfolie, Plastikschüssel

Melodie und Text überliefert

A, B, C,
die Katze lief im Schnee.
Und als sie dann nach Hause kam,
da hatt' sie weiße Stiefel an,
A, B, C, die Katze lief im Schnee.
O jee!

Auf dem Boden werden viele Papierschnipsel verteilt. Die Kinder schleichen im Kreis darüber. Bei „weiße Stiefel" stampfen sie mehrmals mit den Füßen auf. Wenn der Vers ein paar Mal aufgesagt wurde, wird ein lautes „O jee" angefügt. Daraufhin lassen sich alle Kinder auf den Boden plumpsen.

Variation 1: Im Anschluss an das Spiel können die Kinder die Schnipsel aufsammeln und in eine Schüssel geben. Die Spielleitung leert die Schüssel über die Köpfe der Kinder aus und schon schneit es.

Variation 2: Die Spielleitung legt die Malerfolie auf die Erde und verteilt Papierschnipsel darauf. Die Kinder halten die Folie und bewegen sie auf und ab, sodass die Schnipsel fliegen.

Im Garten steht ein Schneemann

Spielidee: Spiellied von einem Schneemann
Material: Besen oder Stock, weißer Umhang, Hut

Die Kinder bilden einen Kreis und singen das Lied vom Schneemann (Melodie: Ein Männlein steht im Walde).

1. Im Garten steht ein Schneemann im weißen Rock.
   Er droht uns schon so lange mit seinem Stock.
   Schneemann, Schneemann, gib nur acht,
   wenn erst mal die Sonne lacht!
   Wir tanzen mit Vergnügen im Kreis herum. (2x)

2. Da scheint die liebe Sonne, sie scheint so warm.
   Dem Schneemann fällt vor Schrecken der Stock aus'm Arm.
   Und ganz plötzlich, ach wie dumm,
   fällt der ganze Schneemann um.
   Wir tanzen mit Vergnügen im Kreis herum. (2x)

Ein Kind wird mit weißem Umhang, Hut und Stock als Schneemann verkleidet. Die anderen Kinder bilden einen Kreis und singen das Lied.
Bei der ersten Strophe steht der Schneemann in der Mitte und „droht" mit seinem Stock. In der zweiten Strophe zeigen die Kinder mit den Armen eine Sonne. Der Schneemann lässt den Stock fallen, dann fällt er selber um.
Anschließend wird ein neuer Schneemann gewählt und das Spiel beginnt von vorn.

Komm in deine Mitte

Kreisspiele zur Wahrnehmung, Konzentration und Stille

Kinder brauchen stille Momente, um sich zu sammeln, besonders, wenn es in der Gruppe laut und turbulent zugeht. Ruhige Kreisspiele sind geeignet, um Wahrnehmung, Konzentration und Entspannung zu fördern.

Streichelwiese

 +2

Spielidee: ruhiges Wahrnehmungsspiel zum Fühlen und Genießen
Material: Decken oder Matten, Kissen, Tastmaterial, z. B. Tuch, Fellstück, Stofftier

Aus den Decken oder Matten und Kissen wird ziemlich dicht ein kleiner Kreis gelegt. Jedes Kind zieht Schuhe und Strümpfe aus und legt sich in Rücken- oder Bauchlage auf eine Decke oder Matte und den Kopf auf ein Kissen. So liegen alle Köpfe dicht beieinander. Die Spielleitung erzählt:

Text: B. Wilmes-Mielenhausen

Jetzt kommt eine Maus, die sucht ein Haus.	*Die Spielleitung lässt ein Stück Fell über die Beine / Füße der Kinder laufen.*
Jetzt kommt eine Katze, die streichelt mit der Tatze.	*Sie nimmt ein Stofftier und streichelt die einzelnen Beine reihum mit den Tatzen.*
Jetzt kommt ein Bär, der tapst ganz dick und schwer.	*Sie tapst mit den eigenen Füßen leicht auf die Beine der Kinder.*
Jetzt kommt eine Schlange, die macht uns gar nicht bange.	*Die Spielleitung berührt die Kinderfüße mit einem Tuch.*
Jetzt kommt eine Schnecke, die kriecht um eine Ecke.	*Sie kriecht mit den Fingern einmal reihum über die Beine der Kinder.*
Jetzt kommt ein Floh, der piekst soooo!	*Die Spielleitung piekst jedem Kind sanft in den großen Zeh.*

Ausgleichende Kreisspiele
Manche dieser beruhigenden Spiele schaffen eine meditative Atmosphäre. Wie ein Mandala kann der Spielkreis seine zentrierende, beruhigende Wirkung entfalten.

Kuckuck, wer bist du?

Spielidee: ein Spiel zur visuellen Wahrnehmung
Material: Tuch
Für die Variation: einfache Gegenstände (z. B. Puppe, Teddy, Buch, Auto)

Die Kinder sitzen im kleinen Kreis. Ein Kind bekommt vorsichtig ein Tuch über den Kopf gelegt. Die Gruppe soll nun sagen, wer unter dem Tuch versteckt ist. Die Spielleitung fordert die Kinder dann auf, laut „Kuckuck" zu rufen. In diesem Moment wird das Tuch weggezogen. Das Tuch wandert so lange weiter, bis sich alle einmal versteckt haben.

Variation: Die Spielleitung legt das Tuch mit einem Gegenstand darunter in die Kreismitte. Nun rufen alle gemeinsam „Kuckuck". Dazu zieht ein vorher bestimmtes Kind das Tuch weg. Gemeinsam soll der Name des Gegenstands genannt werden.

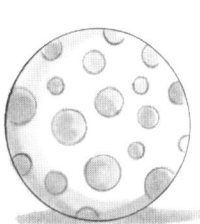

Anschleichen

Spielidee: konzentriert lauschen und raten – geeignet für unruhige Gruppen

Es werden zwei Gruppen gebildet. Die erste Gruppe, die Indianer, sitzt mit geschlossenen Augen im Kreis. Die andere Gruppe, die Krieger, stellt sich weit entfernt auf und versucht, sich leise an die Indianer heranzuschleichen.
Die Krieger sollen sich so leise wie möglich hinter die Indianer stellen. Natürlich schleichen sich nicht alle Krieger gleichzeitig an. Somit haben einige Indianer niemanden hinter sich stehen.
Nun fragt die Spielleitung die sitzenden Indianer reihum: „Steht ein Krieger hinter dir?" Die Indianer sollen sich nicht umdrehen, sondern nur nach ihren Wahrnehmungen und Empfindungen antworten.
Wurde richtig geraten, so darf der Indianer aufstehen und selber zum Krieger werden, während sich der Krieger jetzt als Indianer hinsetzt. Wurde falsch geraten, so bleibt der Indianer weiter auf seinem Platz.

Fang den Vogel

Spielidee: taktiles Wahrnehmungs- und Reaktionsspiel mit einer Feder
Material: Feder

Die Kinder sitzen im Stuhlkreis oder auf der Erde. Sie schließen die Augen und die Spielleitung erzählt eine kleine Geschichte von einem Vogel. Dieser Vogel kommt angeflogen, wenn alle ganz leise sind, und man kann ihn spüren, wenn er einen mit einer Feder berührt. Die Spielleitung schleicht außen um den Kreis herum, berührt ein Kind von hinten mit einer Feder (z. B. am Arm, am Ohr oder am Hals). Dieses Kind soll nun aufspringen und den Vogel, der schnell davon flattert, einfangen. Wird der Vogel erwischt, erfolgt ein Rollentausch.

Bello, dein Knochen ist weg

Spielidee: ein Spiel zur Konzentration und zur akustischen Wahrnehmung
Material: Augenbinde, Schlüsselbund

Alle Kinder sitzen im Stuhlkreis. Ein Kind spielt Bello, den Hund. Es hockt sich in die Kreismitte auf den Boden und bekommt die Augen verbunden. Direkt vor ihm wird ein Schlüsselbund als „Knochen" auf die Erde gelegt. Nun blinzelt (nickt) die Spielleitung einem Kind im Kreis zu. Dieses Kind spielt nun den Schlüsseldieb. Geschickt pirscht es sich heran, entwendet den Schlüsselbund und setzt sich leise zurück auf seinen Platz. Bello bleibt ganz ruhig, auch wenn er hört, dass sein „Knochen" gestohlen wird. Alle Kinder, auch der Dieb, nehmen ihre Hände auf den Rücken. Nun sagen die Kinder im Chor: „Bello, Bello, dein Knochen ist weg!" Jetzt wird Bello die Augenbinde abgenommen, er steht auf und sucht den Knochen. Natürlich hat er zuvor genau hingehört, in welche Richtung der Dieb entwischt ist. Hat er einen Verdacht, hockt er sich vor das betreffende Kind auf den Boden und bellt es an. Besitzt das Kind den Schlüsselbund wirklich, so zeigt es ihn. Hat es ihn nicht, so schüttelt es nur den Kopf. Nun kann Bello weitersuchen, bis er den Schlüssel gefunden hat.

Regungslos

Spielidee: Spiel zur Entspannung für unruhige Gruppen
Material: Matten oder Decken, CD-Spieler und CD mit ruhiger Musik

Innerhalb eines Stuhlkreises werden Matten oder Decken ausgelegt. Dann legen sich alle Kinder darauf und machen es sich bequem.

Die Spielleitung erzählt in einer kurzen Geschichte, dass alle Kinder „verzaubert" sind und jetzt eine Weile ganz ruhig auf ihrer Matte liegen bleiben. Danach spielt sie ein kleines Musikstück ab. Für die Dauer der Musik gilt der „Zauber". Dann wird er wieder aufgelöst, alle stehen auf, recken und strecken sich.

Variation für Kinder ab 6 Jahren: Die liegenden Kinder werden gestört und abgelenkt. Dazu setzen sich ein paar Kinder außen in den Stuhlkreis und versuchen, nur durch Geräusche die liegenden Kinder dazu zu bringen, sich zu bewegen, zu lachen o.Ä. Wer von den Liegenden sich bewegt oder lacht, muss außen in den Kreis und wird selber zum „Störenfried". Wer bleibt bis zum Schluss in der Mitte liegen?

Wer steht hinter dir?

Spielidee: konzentriert lauschen und andere an ihrer Stimme erkennen

Ein Kind aus dem Stuhlkreis kniet sich hin, bedeckt mit den Händen die Augen und legt seinen Kopf auf die Knie oder in den Schoß der Spielleitung oder eines anderen Mitspielers. Nun winkt die Spielleitung ein anderes Kind aus dem Kreis heran, das sich hinter das kniende Kind stellen soll. Es fragt: „Eins, zwei, drei, vier, wer steht hinter dir?" Hat das ratende Kind erkannt, wer hinter ihm steht? Wenn nicht, wird die Frage wiederholt oder ein neues Kind stellt sich zum Fragen auf. War die Antwort dagegen richtig, ist das „erkannte" Kind mit Raten an der Reihe.

Variation für Kinder ab 6 Jahren: Schwieriger wird das Spiel, wenn das fragende Kind bewusst die Stimme verstellt.

Mal Regen, mal Sonne

Spielidee: Rückenmassage, die unterschiedliche taktile Erfahrungen ermöglicht
Material: große Puppe

Die Gruppe wird in zwei Hälften aufgeteilt. Eine Hälfte der Gruppe sitzt im Kreis auf Stühlen (Lehne vor der Brust) oder auf dem Boden. Die andere Hälfte steht oder kniet dahinter.

Die Spielleitung erzählt eine improvisierte Geschichte mit verschiedenen Wetterlagen, die sie auf dem Rücken der Puppe mit Massage-Bewegungen darstellt. Entsprechend werden die sitzenden Kinder von den Kindern massiert, die hinter ihnen stehen bzw. knien. Anschließend werden die Rollen getauscht.

Regen	*Mit den Fingerspitzen auf den Rücken trommeln*
Donner	*Mit flachen Händen patschen*
Blitz	*Zickzacklinie auf den Rücken malen*
Sturm	*In den Nacken pusten*
Schnee	*Mit den Händen von oben nach unten fahren*
Sonnenschein	*Mehrmals einen Kreis auf den Rücken malen*

Variation: Es können auch andere Themen gewählt werden, z. B.: Verschiedene Tiere laufen über den Rücken.

Das Schweigen im Walde

Spielidee: erst Stille erleben, dann auf ein Geräusch reagieren

Alle sitzen auf Stühlen oder auf der Erde im Kreis und lauschen. Die Spielleitung oder ein vorher ausgewähltes Kind macht nun ein Geräusch, z. B. pfeifen, husten, klatschen. Auf dieses Signal hin stehen alle so leise wie möglich auf und schleichen umher. Auf ein erneutes Signal hin sollen sich alle so leise wie möglich wieder auf den eigenen Stuhl setzen.

Der Wechsel von Aufstehen, Gehen und Setzen kann viele Male wiederholt werden.

Päckchen verschicken

Spielidee: leises Spiel zum Lauschen, Merken und Weitersagen
Material: kleine Pappschachtel

Die Kinder sitzen im Stuhlkreis. Nun soll ein Päckchen verschickt werden. Ein Kind beginnt mit dem Satz: „Ich schicke mein Päckchen zu Felix. In dem Päckchen ist ... (dem linken Nachbarn wird der Gegenstand ins Ohr geflüstert, z. B: „Eine Puppe"). Gleichzeitig wird dem linken Nachbarn die Pappschachtel in die Hand gedrückt. Das geht so lange, bis das Päckchen den gewünschten Empfänger erreicht hat. Dieser soll den Begriff jetzt laut sagen. Je nachdem, wie lang der Weg war, wurde der Begriff unterwegs vielleicht verfälscht und es gibt eine lustige Überraschung. Der Empfänger verschickt jetzt seinerseits ein Päckchen.

Variation: Alle fassen sich an den Händen. Das Päckchen wird jetzt nur symbolisch mit Händedruck von Kind zu Kind bis zum Empfänger weitergeleitet. Der Absender sagt lediglich „abgeschickt" und der Empfänger „angekommen", wenn ihn der Händedruck erreicht hat.

Bäume im Wind

Spielidee: meditatives Bewegungsspiel zur Musik
Material: CD mit Entspannungsmusik und CD-Spieler

Die Kinder stellen sich im Kreis auf und die Spielleitung schaltet die Musik ein. Dann sollen sich die Kinder vorstellen, dass sie Bäume sind und einen Baum darstellen. Die Kinder heben die Arme, spreizen die Finger wie Äste. Plötzlich kommt Wind auf, wird stärker. Die Kinder wiegen sich mit dem Oberkörper hin und her, bewegen die Arme wie Äste und die Finger wie tanzende Blätter. Dann lässt der Wind wieder nach und hört schließlich wieder auf zu wehen. Die Bäume stehen wieder ganz still. Ein paar Mal kommt noch Wind auf und ebbt wieder ab. Dann lassen die Kinder ihre Arme sinken, schütteln sie aus und gehen oder hüpfen zur Lockerung durch den Raum.

Der Sinnes-Kreis

Spielidee: ruhiges Wahrnehmungsspiel für den Tastsinn
Material: verschiedene Gegenstände, z.B. Bürste, Puppe, Auto, Schlüssel, Topf, Schuh, Schneebesen, Augenbinde usw.

Alle Kinder sitzen im Stuhlkreis. Ein Kind lässt sich die Augen verbinden und wartet in der Kreismitte. Die übrigen Mitspieler holen leise je einen Gegenstand, den sie während des Spiels auf dem Schoß halten. Nun wird das Kind mit den verbundenen Augen von der Spielleitung im Kreis herum geführt, bis es vor einem Stuhl stehenbleibt. Jetzt tastet es vorsichtig mit den Händen nach dem Gegenstand, den das Kind auf dem Stuhl im Schoß hat, und versucht, ihn zu benennen. Errät es den Gegenstand nicht, so wird das Kind weitergeführt und darf einen neuen Gegenstand ertasten. War die Antwort aber richtig, so gibt es gleich einen Wechsel: Das Kind, das richtig geraten hat, und das Kind mit dem erratenen Gegenstand tauschen die Rollen und das Tastspiel beginnt von vorn.

Der stumme Kreis

Spielidee: nonverbales Kommunizieren und Koordinieren
Material: Kreide

Die Gruppe stellt sich im großen Kreis auf. Genau in der Kreismitte wird mit Kreide ein Zentrum markiert. Als Markierung kann aber auch ein Kleidungsstück oder ein Spielzeug dienen. Alle Kinder sollen einander jetzt an den Händen fassen und gemeinsam mit kleinen Schritten in die Mitte gehen. Dabei gibt es kein Startsignal durch die Spielleitung. Niemand sagt ein Wort. Jeder spürt den Augenblick, wenn die Gruppe losgeht.
Anschließend gehen alle gemeinsam rückwärts zum Ausgangspunkt zurück.

Variation: Die Gruppe geht mit geschlossenen Augen.

Ich sehe was – was ist denn das?

Sprach- und Lernspiele im Spielkreis

Im Kreis braucht man „Köpfchen", wenn es heißt aufpassen, verstehen, erinnern, reagieren. Spielerisch wird Sachwissen vermittelt. Reime, Lautmalereien, Frage- und Antwortspiele fördern grundlegende sprachliche Strukturen und machen viel Spaß.

Such den Topf

Spielidee: Sprachspiel zur Begriffsbildung; Topfschlagen in einer einfachen Variante

Material: Kochtopf, Holzlöffel, verschiedene Gegenstände (Apfel, Puppe, Buch, Auto etc.)

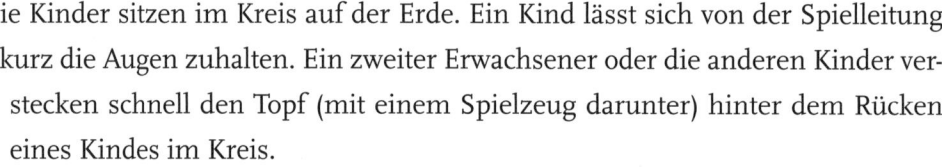

Die Kinder sitzen im Kreis auf der Erde. Ein Kind lässt sich von der Spielleitung kurz die Augen zuhalten. Ein zweiter Erwachsener oder die anderen Kinder verstecken schnell den Topf (mit einem Spielzeug darunter) hinter dem Rücken eines Kindes im Kreis.

Nun heißt es: Augen auf und Topf suchen! Das „Suchkind" bekommt den Holzlöffel, krabbelt auf allen Vieren umher, sucht den Topf und schlägt dann mit dem Holzlöffel darauf herum. Was ist wohl unter dem Topf? Das Kind darf ihn aufdecken und den Begriff sagen.

Das Spiel wird mit einem neuen „Suchkind" und einem anderen Gegenstand wiederholt.

Variation für Kinder ab 3 Jahren: Der Topf wird außerhalb des Kreises irgendwo im Raum versteckt.

Zauberwürfel

Spielidee: Zahlen / Farben erkennen und schnell reagieren

Material: möglichst großer Würfel mit Punkten

Für die Variation: großer Würfel mit Farben

Die Gruppe sitzt im Kreis auf dem Boden. In der Mitte liegt ein Würfel. Reihum darf jedes Kind einmal würfeln. Immer, wenn eine 6 gewürfelt wird, springen die Kinder auf und hüpfen auf der Stelle, bis die Spielleitung „stopp" ruft.

Variation: Es wird mit einem Farbwürfel gewürfelt und die Spielleitung bzw. die Kinder legen vorher fest, bei welcher Farbe gehüpft werden darf.

Zwillinge

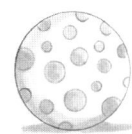

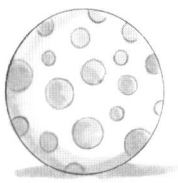

Spielidee: Gegenstände paarweise zuordnen
Material: Kiste, Tuch, verschiedene Gegenstände paarweise, z. B. ein Paar Schuhe, Handschuhe, Strümpfe, zwei Löffel, zwei Tassen, zwei Tücher, zwei gleiche Bausteine
Für die Variation: Handpuppe

Die Spielleitung sucht gemeinsam mit den Kindern die Gegenstände paarweise zusammen. Jeweils ein Gegenstand wird in die Kreismitte gelegt, der Zwilling in eine Kiste. Dann wird ein Tuch über die Kiste gebreitet.

Die Kinder setzen sich im Kreis um die Gegenstände. Nun werden die Gegenstände aus der Kreismitte ringsum an die Kinder verteilt. Dann wird die Kiste mit dem Tuch gelüftet und die Spielleitung holt einen Gegenstand nach dem anderen heraus. Wer im Kreis hat den Zwilling? Das entsprechende Kind meldet sich laut, nennt den Gegenstand und zeigt ihn vor.

Variation: Bei diesem Spiel kann auch eine Handpuppe eingesetzt werden, die die Sachen hervorzaubert und gemeinsam mit den Kindern sucht, welches Kind den zweiten Gegenstand hat.

Holt mal!

Spielidee: Gegenstände Oberbegriffen zuordnen und in den Kreis tragen
Material: verschiedene Gegenstände aus dem Raum, Uhr mit Sekundenzeiger

Die Spielleitung nennt einen Oberbegriff, z. B. Malsachen, Spielzeug oder eine Farbe. Die gesamte Gruppe schwirrt daraufhin aus, um Gegenstände, die unter diesen Oberbegriff passen, in Windeseile zusammenzutragen und in die Kreismitte zu legen. Die Spielleitung gibt der Gruppe pro Begriff 1 Minute Zeit. Dann wird „stopp" gerufen. Jetzt darf kein Gegenstand mehr geholt werden. Zum Schluss wird das Gesammelte gemeinsam begutachtet.

Berufe raten

Spielidee: Singspiel mit pantomimischer Darstellung von Handwerkern

Melodie und Text überliefert

Wer will flei - ßi - ge Hand - wer - ker sehn,

der muss zu uns Kin - dern gehn. 1. Stein auf Stein,

Stein auf Stein, das Häus - chen wird bald fer - tig sein.

2. O wie fein, o wie fein,
   der Glaser setzt die Scheiben ein.

3 Tauchet ein, tauchet ein,
   der Maler streicht die Wände fein.

4. Zisch, zisch, zisch, zisch, zisch, zisch,
   der Schreiner hobelt glatt den Tisch.

5. Rühre ein, rühre ein,
   der Bäcker backt den Kuchen fein.

6. Stich, stich, stich, stich, stich, stich,
   der Schneider näht ein Kleid für mich.

7. Schnipp, schnipp, schnapp, schnipp, schnipp, schnapp,
   der Frisör schneidet die Haare ab.

Die Kinder fassen sich an den Händen und singen den Refrain: „Wer will fleißige Handwerker seh'n, der muss zu uns Kindern geh'n." Dabei gehen sie im Kreis.
Bei den einzelnen Strophen bleiben sie jeweils stehen und stellen pantomimisch das jeweilige Handwerk dar: Sie mauern, setzen eine Glasscheibe ein, streichen, hobeln, rühren, nähen und formen aus Zeige- und Mittelfinger eine Frisörschere.

Variation für Kinder ab 6 Jahren: Reihum im Kreis stellt jedes Kind, das möchte, eine Tätigkeit bzw. einen Beruf pantomimisch dar. Dabei sind nicht nur Handwerker interessant. Auch ein Clown, ein Tierpfleger, Arzt und Busfahrer lassen sich darstellen. Der Rest der Gruppe errät den Beruf.

Einmal hoch, einmal tief +2

Spielidee: unterschiedliche Begriffe mit Bewegungen darstellen

Die Gruppe sitzt oder steht im Kreis und spricht mit der Spielleitung, die die Bewegungen vormacht, den folgenden Vers:

Einmal hoch,	*Arme heben*
einmal tief,	*Arme senken*
einmal gerade,	*Arme gerade seitlich ausbreiten*
einmal schief,	*Arme schräg halten*
einmal dunkel,	*Hände vor die Augen halten*
einmal hell,	*Hände wieder lösen*
einmal langsam,	*Langsam auf die Erde oder die Oberschenkel klopfen*
einmal schnell.	*So schnell wie möglich klopfen*

Hinweis: Wenn die Gruppe im Stehen spielt, können sich die Kinder zu den Begriffen „langsam" und „schnell" anfassen und einmal schleichen und einmal schnell im Kreis laufen.

Die Welt der Farben

Spielidee: Farben kennenlernen und Berufen zuordnen
Material: farbige Tücher oder Bänder

Zunächst teilt die Spielleitung die Kinder nach den Farben ihrer Kleidung in Untergruppen auf. Sind die Farben nicht eindeutig, werden die Gruppen zusätzlich mit farbigen Tüchern oder Bändern markiert. Je nach Kleidung bilden die Kinder jetzt verschiedene Farb-Kreise. Dann wird gemeinsam das Lied gesungen:

Melodie und Text überliefert

Grün, grün, grün sind alle meine Kleider.
Grün, grün, grün ist alles, was ich hab'.
Darum lieb ich alles, was so grün ist,
weil mein Schatz ein Jäger ist.

Blau, blau, blau ...
Weil mein Schatz ein Seemann ist.

Gelb, gelb, gelb ...
Weil mein Schatz ein Postbote ist.

Weiß, weiß, weiß ...
Weil mein Schatz ein Bäcker ist.

Schwarz, schwarz, schwarz ...
Weil mein Schatz ein Schornsteinfeger ist.

Rot, rot, rot ...
Weil mein Schatz ein Feuerwehrmann ist.

Bunt, bunt, bunt ...
Weil mein Schatz ein Maler ist.

Entsprechend den genannten Farben gehen die Kinder im Kreis herum, also zunächst die Kinder im grünen Kreis, dann setzen sich die Kinder im blauen Kreis in Bewegung usw.

Variation: Alle Kinder gehen bunt durcheinander. Wenn die Spielleitung eine Farbe ruft, bilden die Kinder der entsprechenden Farbgruppe schnell einen Kreis. Danach löst sich der Kreis wieder auf zu einem wilden Durcheinander, bis die nächste Farbe aufgerufen wird.

Hinweis: Farbenkenntnis erforderlich

Familie Meier – Familie Lehmann +5

Spielidee: Reaktions- und Bewegungsspiel mit Erzählgeschichte

Alle Kinder sitzen im Stuhlkreis. Die Kreisrunde wird mittendurch in zwei Hälften (Gruppen) aufgeteilt. Eine Gruppe ist „Familie Meier", die andere „Familie Lehmann".

Die Spielleitung erzählt eine Geschichte, in der die Namen „Meier" und „Lehmann" immer wieder vorkommen. Wenn von „Meier" die Rede ist, steht die „Meier-Gruppe" auf, alle drehen sich einmal um die eigene Achse und setzen sich dann wieder hin. Ist von „Lehmann" die Rede, steht die „Lehmann-Gruppe" auf, jeder dreht sich um die eigene Achse und setzt sich wieder.

Wer von den Kindern das Aufstehen und Drehen vergisst oder bei der falschen Gruppe mitmacht, muss ein Pfand abgeben. Wer am Ende sein Pfand zurückhaben möchte, muss eine kleine Aufgabe erledigen (z. B. 10 x in die Luft springen).

Die Spielleitung improvisiert die Geschichte oder entwirft sie vorab, z. B.: „Familie Meier wohnt in einem schönen alten Haus. Manchmal kommt Familie Lehmann zu Besuch. Familie Lehmann hat einen Hund, Familie Meier hat eine Katze. Der Hund von Familie Meier bellt die Katze von Familie Lehmann an ..."

Kreisspiele in anderen Sprachen
Kinder mit Migrationshintergrund können ein Spiel in ihrer Landessprache vorstellen. Fremde Wörter fördern genaues Hinhören, Merken, Erinnern und phonetische Fähigkeiten.

Bruder Jakob

Spielidee: Spiellied in verschiedenen Sprachen
Material: Glocke oder Klangschale

Text und Melodie überliefert

Deutsch:
Bruder Jakob, Bruder Jakob,
schläfst du noch, schläfst du noch?
Hörst du nicht die Glocken,
hörst du nicht die Glocken?
Ding, dang, dong (2x).

Englisch:
Are you sleeping, are you sleeping,
Brother John, Brother John?
Morning Bells are ringing,
morning bells are ringing.
Ding, ding, dong (2x).

Französisch:
Frère Jacques, Frère Jacques,
Dormez-vous? Dormez-vous?
Sonnez les matines!
Sonnez les matines!
Bim, bam, bom (2x).

Spanisch:
Martinillo, martinillo.
Dónde estás, donde estás?
Toca la campana!
Toca la campana!
Din, don, dan (2x).

Schweizer-Deutsch:
Brüeder Jakob, Brüeder Jakob,
schlafsch du no, schlafsch du no?
Ghörsch nöd's glöggli lüüte,
ghörsch nöd's glöggli lüüte?
Bim, bam, bum (2x).

Italienisch:
Frà Martino, campanaro,
dormi tu? Dormi tu?
Suona le campane!
Suona le campane!
Din, don, dan (2x).

Die Kinder gehen im Kreis und singen das Lied. Bei „Hörst du nicht die Glocken?" gehen sie in die Kreismitte und bei „Ding, dang, dong" wieder zurück.
Je nach Alter und Verständnis der Kinder wählt die Spielleitung die Sprachen aus, in denen das Lied gesungen wird. Zu „Ding, dang, dong" kann eine Glocke oder eine Klangschale angeschlagen werden.

Zahlenkreise

Spielidee: Zahlenspiel

Alle Kinder gehen frei im Raum umher. Die Spielleitung nennt laut eine Zahl zwischen 1 und 10. Sie kann zur Veranschaulichung auch entsprechend viele Finger zeigen. Schnell finden sich genau so viele Kinder zu Mini-Kreisen zusammen, wobei sich alle an den Händen fassen und still stehen oder sich niedersetzen. Rascher Zahlenwechsel macht das Spiel spannend.

Hinweis: Elementare Mengen- und Zahlenkenntnis erforderlich

Wie heißt das Tier?

Spielidee: Tiere darstellen und raten

Ein Kind verlässt den Raum. Alle übrigen einigen sich auf ein Tier, das dargestellt werden soll. Dann betritt das Kind wieder den Raum, in dem jetzt alle Kinder gackern wie ein Huhn oder quaken wie ein Frosch. Dazu stellen die Kinder das Tier mit passenden Bewegungen dar (flattern, hüpfen). Das Kind, das draußen war, soll jetzt den Namen des Tieres erraten.

Variation 1 für Kinder ab 4 Jahren: Das Spiel lässt sich auch umgekehrt spielen: Ein einzelnes Kind oder eine kleine Gruppe geht vor die Tür und überlegt sich ein Tier. Dann gehen sie zurück in den Raum und stellen das Tier dar, das nun von anderen Kindern erraten werden muss.

Variation 2 für Kinder ab 5 Jahren: Statt ein Tier pantomimisch und lautmalerisch darzustellen, wird es mit Worten beschrieben. Reihum beschreibt dabei jedes Kind ein anderes Tier, der Rest der Gruppe rät.

Ich sehe was, was du nicht siehst

Spielidee: Spiel zur differenzierten Wahrnehmung

Die Kinder sitzen im Stuhlkreis oder auf der Erde. Reihum sagt ein Kind nach dem anderen den Satz: „Ich sehe was, das du nicht siehst und das ist ...“ (z. B. rot).

Dabei sollen zunächst nur Gegenstände oder Kleidungsstücke genannt werden, die im Kreis selber vorkommen.

Später können auch Dinge genannt werden, die außerhalb des Kreises liegen (z. B. die blauen Gardinen, die gelbe Blume ...). Die übrigen Kinder versuchen, den Gegenstand zu erraten.

Dann nennt das nächste Kind die Farbe eines neuen Gegenstandes.

Hinweis: Bei diesem Spiel sind Kenntnis der Grundfarben und sprachliche Fähigkeiten erforderlich.

Hier ist doch was anders?

Spielidee: Wahrnehmungs- und Gedächtnisspiel: Veränderungen erkennen
Material für die Variation: 6–8 verschiedene Gegenstände

Ein Kind oder eine kleine Gruppe von Kindern betrachtet alle Kinder im Kreis und versucht, sich alles einzuprägen. Dann verlässt das Kind bzw. die Gruppe den Raum. Der Rest der Gruppe verändert etwas, z. B.:

- Die Anzahl der Kinder im Kreis (ein oder zwei Kinder verstecken sich).
- Die Sitzordnung (ein paar Kinder tauschen die Plätze).
- Besondere Merkmale der Teilnehmer (Anna hat ihre Brille abgesetzt, Leon trägt jetzt einen Hut).

Nun wird das Kind bzw. die Gruppe wieder zurück in den Raum gerufen. Was hat sich verändert?

Variation: Es können auch Gegenstände in die Kreismitte gelegt werden. Jetzt wird deren Anzahl bzw. die Anordnung verändert. Wie oben beschrieben, sollen die Kinder die Veränderung erkennen.

Buchstabensuppe

Spielidee: Spiel mit dem Anfangsbuchstaben des eigenen Namens
Material: Pappe oder Papier, Schere, dicker Filzstift, Schulkreide

Aus Pappe oder Papier werden je nach Anzahl der Mitspieler Kärtchen ausgeschnitten. Jeder Spieler soll später eine Karte mit dem großen Anfangsbuchstaben seines Vornamens erhalten. Die Spielleitung schreibt den Buchstaben deutlich mit einem dicken Filzschreiber auf das jeweilige Kärtchen.

Jedes Kind erhält ein Kärtchen mit dem Anfangsbuchstaben seines Vornamens. Die Spielleitung zeichnet mit Kreide einen großen Kreis auf die Erde, das ist der „Suppentopf".

Nun sollen die Kinder um den Kreis herumgehen oder -hüpfen. Auf ein Zeichen der Spielleitung hin bleiben sie stehen. Die Spielleitung ruft nun laut z. B.: „A in die Suppe". Daraufhin stellen sich alle Kinder mit einer „A-Karte" in den Kreis. Das Spiel wird fortgesetzt, bis am Ende alle Buchstaben in der Suppe sind. Dann wird die Suppe „umgerührt". Alle Buchstaben bewegen sich im Topf wild durcheinander.

Danach geht es umgekehrt. Die Suppe wird „ausgelöffelt", d. h. die Buchstaben werden nacheinander wieder aus dem Kreis heraus gerufen.

Variation: Mit älteren Kindern kann die Spielleitung aus den Buchstaben auch einfache Wörter bilden und laut vorlesen lassen.

SPIELEFINDER

Zur Material-Angabe:

Zur besseren Übersicht wurden nur Materialien genannt, die für das jeweilige Spiel unbedingt nötig sind. Zusätzliche Ideen und Hinweise auf weiteres Material finden Sie im Textteil unter dem betreffenden Spiel!

Spiele ab 2 Jahren

Spieltitel	drinnen	draußen	ruhig	schnell	Material	Seite
Auf der grünen Wiese	x	x		x	Gymnastikreifen	31
Auf Tuchfühlung	x		x		Decke, Gegenstände	21
Brüderchen, komm tanz	x	x		x	Stofftier	40
Die Katze im Schnee	x	x	x			57
Ein kleiner Esel	x	x	x			47
Einmal hoch, einmal tief	x		x	x		71
Guten Morgen hier im Kreis	x		x		Tücher, Instrumente	11
Jetzt fängt das Frühjahr an	x	x	x			50
Komm unter die Decke!	x			x	Decke, Handtrommel	22
Kritze, kratze	x			x		32
Kuckuck, wer bist du?	x		x		Tuch	61
Lauf, Mühle, lauf	x	x		x		40
Raubtierdressur	x	x		x	Reifen	28
Schifffahrt	x	x	x			18
Streichelwiese	x		x		Matten, Tastmaterial	60
Such den Topf	x		x		Topf, Löffel, Gegenstände	68
Und wer im Januar	x		x			49
Wer kommt mit?	x	x	x			13
Zwillinge	x		x		Gegenstände (paarweise)	69

Spiele ab 3 Jahren

Abklatschen	x	x	x			18
Armer schwarzer Kater	x	x	x			21
Ausrennen	x			x	Taschentuch	38
Bello, dein Knochen	x	x	x		Schlüsselbund	62
Der Hüpfkreis	x	x		x	Kissen, Handtrommel	32
Der kleine Igel	x			x		55
Der Kreis ist rund – na und?	x	x	x	x		23
Der Tanzbär	x	x		x		41
Die Ziehharmonika	x	x		x		42

Spieltitel	drinnen	draußen	ruhig	schnell	Material	Seite
Falle, falle gelbes Blatt	x			x	Musik, Blätter	56
Fang den Vogel	x	x	x		Feder	62
Frühlingswiese	x	x		x	Kinderliederbuch	51
Hampelmann	x	x		x		43
Herbstwind	x	x		x		56
Im Garten steht ein	x	x	x		Stock, Umhang, Hut	58
Kranz binden	x	x	x			14
Raupenlauf	x	x	x	x		29
Schmetterling, du kleines Ding	x	x		x		44
Stühle tauschen	x			x		34
Tra-ri-ra, der Sommer ist da	x	x	x			52
Was tun wir denn so gerne?	x	x		x		45
Wie heißt das Tier?	x		x			75
Wie heißt du?	x	x	x		Ball	14
Zieh mal an!	x			x		16

Spiele ab 4 Jahren

	drinnen	draußen	ruhig	schnell	Material	Seite
Achtung, es schmilzt!	x		x		Zeitungen	25
Auf dem Rummelplatz	x	x		x	Kreide, Handtrommel	35
Bäume im Wind	x		x		Entspannungsmusik	65
Berufe raten	x	x		x		70
Bierdeckellauf	x			x	Bierdeckel, Handtrommel	35
Blindgänger	x	x	x		Augenbinde	25
Blütenblätter	x			x	Gymnastikreifen, Tücher	37
Bruder Jakob	x	x		x	Glocke / Klangschale	74
Chinesische Mauer	x	x	x		großes Tuch	17
Das Raumschiff fliegt weg	x	x		x	Kreide / Seil	19
Das Schweigen im Walde	x	x	x			64
Der große Spiegel	x	x	x			36
Der Sinnes-Kreis	x		x		div. Tast-Gegenstände	66
Der Wunschkreis	x		x		Naturmaterialien	52
Die Katze tanzt im Kreis	x	x		x		46
Die Welt der Farben	x			x	farbige Tücher	72
Drehwurm	x	x		x	Gymnastikreifen	36
Ein Kreis hat viele Hände	x	x	x			12
Eine Reise nach Amerika	x	x		x		54
Gesichter ertasten	x		x		Tuch / Augenbinde	23
Gib mal weiter	x		x		div. Gegenstände	24
Hände und Füße erkennen	x		x		großes Tuch / Decke	17
Hier ist doch was anders	x	x	x		div. Gegenstände	76

Spieltitel	drinnen	draußen	ruhig	schnell	Material	Seite
Ich packe meinen Koffer	x		x		Koffer, div. Gegenstände	53
Ich sehe was	x	x	x			76
Ist die Maus zu Haus?	x	x		x	Tuch / Schal	33
Kreisball	x	x	x		Ball	38
Mein rechter Platz ist frei	x		x		Gegenstände, Bilder	15
Päckchen verschicken	x		x		Pappschachtel	65
Regungslos	x		x		Matten, Musik	63
Seiltanz	x	x		x	Seil, Handtrommel	36
Stühle wegbringen	x		x			19
Vögelchen, piep einmal	x		x		Tuch / Augenbinde	16
Wer steht hinter dir?	x	x	x			63
Zauberei	x		x		Tuch	15

Spiele von 5 bis 7 Jahren

Spieltitel	drinnen	draußen	ruhig	schnell	Material	Seite
Alle Katzen fliegen hoch	x			x		34
Anschleichen	x		x			61
Auf einem Bein	x	x	x			26
Berufe raten	x	x		x		70
Buchstabensuppe	x	x		x	Kreide, Filzstift, Papier, Schere	77
Der heiße Ball	x	x		x	Ball	37
Der stumme Kreis	x	x	x		Kreide	66
Familie Meier – Familie	x	x		x		73
Gemeinsam aufstehen	x	x	x			22
Gib mal weiter!	x		x		Wattekugel	24
Holt mal!	x		x		Uhr, div. Gegenstände	69
Kreisball	x	x		x	Ball	38
Mal Regen, mal Sonne	x		x		große Puppe	64
Mein rechter Platz ist frei	x		x		Gegenstände, Bilder	15
Pendeln im Kreis	x	x	x			24
Rettung	x	x	x			26
Sitztanz	x			x		47
Sonne und Mond	x	x		x		28
Wie heißt das Tier?	x		x			75
Wirrwarr	x	x	x			28
Zahlenkreise	x	x		x		75
Zauberwürfel	x		x		großer Würfel	68
Zusammengewachsen	x	x	x			27
Zwinkern	x			x		27